Georg Ebers

Im blauen Hecht

Roman aus dem deutschen Kulturleben im Anfang des 16. Jahrhunderts

Georg Ebers

Im blauen Hecht
Roman aus dem deutschen Kulturleben im Anfang des 16. Jahrhunderts

ISBN/EAN: 9783743445024

Hergestellt in Europa, USA, Kanada, Australien, Japan

Cover: Foto ©ninafisch / pixelio.de

Manufactured and distributed by brebook publishing software (www.brebook.com)

Georg Ebers

Im blauen Hecht

Im blauen Hecht

Im blauen Hecht

Roman

aus dem deutschen Kulturleben im Anfang des
sechzehnten Jahrhunderts

von

Georg Ebers

Zweite Auflage

Deutsche Verlags-Anstalt
Stuttgart, Leipzig, Berlin, Wien
1896

Herrn Adolf Schwabe

und seiner lieben verehrten Gattin

Frau Mathilde Schwabe

in alter treuer Freundschaft

der Verfasser

Georg Ebers.

Daß Dich der Donner erschlag'!" Dieser Fluch paßte zu dem rohen Gesellen, von dem er herkam. Er hatte dabei ins Freie gewiesen und den wunderlichen Klang seiner Stimme kaum gedämpft. Dennoch verstanden ihn unter dem Gesindel, das ihn umgab, nur zwei: ein verblühendes, sieches Mädchen und das nicht viel ältere rothaarige Weib, das den Flucher wie einen gezähmten Bären an der Kette führte.

Die zu Nürnberg hatten dem Thriax wegen grober Gotteslästerung die Zunge gestutzt, und die Worte, die er hervorstieß, hörten sich darum an, als quirle er sie im Munde zusammen.

Die Rothaarige ließ das Messer sinken, womit sie Brot und Zwiebeln in einen Topf schnitt, und warf dem Gefährten einen unruhig fragenden Blick zu.

„Nürnberger Ehrbare," lallte er so schnell es
anging, nahm dem Weibe das Tuch von der Schulter
und zog es sich über den struppigen Kopf.

Da winkte die Frau den Wanderkumpanen: einem
lahmen Gesellen in mittleren Jahren, der auf Krücken
gestützt an der Wand lehnte, einem älteren pocken=
narbigen Manne mit hoch aufgedunsenem Gesicht und
dem siechen Mädchen, und rief ihnen mit der schmelz=
losen Blechstimme der Ausruferinnen und alternden
Jahrmarktssängerinnen zu: „Helft doch dem Cyriax
ein wenig sich verstecken. Voran mit Dir, Jungel!
Sie brauchen den Alten nicht gleich beim Eintritt zu
erkennen. Nürnberger kommen. — Vornehme Leute=
schinder vom Rate. Wer weiß, was da für unser=
eins noch auf dem Kerbholze steht?"

Da band Kuni, das blasse Mädchen, das bunte
Gewandstück fester um das verstümmelte linke Unter=
bein und that, wie ihm geheißen. Auch der lahme
Jungel schickte sich an, der roten Gitta den Willen
zu thun. Der Raban aber hatte einen Blick ins Freie
geworfen und rief ängstlich, indem er das grüne,
mit blauem Linnen geflickte Tuchwams hastig durch
den Gürtel zog: „Der Groland, der junge, vom Rate.
Ich kenn' ihn."

Dieser Ausruf veranlaßte zwei andere Landstreicher,

sich der Wand entlang auf die nächste Thür zuzu=
schleichen, um ins Freie zu gelangen.

„Ein Groland?“ frug die rote Gitta, das Weib
des Cyriax, und schnellte die Schultern in die Höhe,
als ob ein Hieb von unsichtbarer Hand sie bedrohe.
„Er war's doch . . .“

„Er?“ lachte der Kettenträger, während er sich
neben ihr niederkauerte und sich, so tief es anging,
in sich zusammenzog. „Nein, Rote! Der das an=
befahl, den zerrte der Gottseibeiuns längst meiner Zunge
nach zu den Würmern. Sein Bub' ist's. Je grüner,
desto schärfer. Den Rübling *)=Kaspar — Gottes
Marter! — mit dem Augenlicht ließ der Gelbschnabel
ihn die falschen Pasche bezahlen.“

Dabei griff er hastig in das Wams und schob
der roten Gitta etwas zu, das er dort verborgen
gehalten. Es waren Würfel. Sie aber drückte sie
mit schneller Geistesgegenwart so fest in den Teig
des angeschnittenen Brotlaibs, daß er sie völlig ver=
deckte.

Das alles war in der Ecke der langen und
breiten Gaststube, in der es vor sich ging, unbemerkt
geblieben; denn jeder der vielen Reisenden, die sie

---

*) Würfel in der Gaunersprache.

beherbergte, hatte vollauf mit den eigenen Angelegen=
heiten zu schaffen. Verstehen ließ sich nur, was ein
Nachbar dem andern sagte; denn es ging laut her
in dem Wirtshause „Zum blauen Hecht".

Es war der besuchtesten eines; lag es doch an
der Mainfähre bei Miltenberg, wo die von Nürnberg,
von Augsburg und anderen süddeutschen Städten
auf der Reise nach Frankfurt und nach dem unteren
Rhein rasteten und aus dem Sattel auf das Schiff
stiegen. Gerade jetzt strebten viele Große und Ge=
ringe auf Köln zu, wohin Kaiser Maximilian den
Reichstag berufen, nachdem er im April zu Trier an
der Mosel nicht zu stande gekommen war.

In wenigen Tagen stand die Eröffnung bevor,
und er zog nicht nur Fürsten, Grafen und Ritter,
hohe Häupter und bescheidenere Diener der Kirche,
die Abgesandten der Städte und andere Vornehme
an, sondern auch redliche Händler, wuchernde Geld=
verleiher mit der Kappe des Bürgers und mit dem
gelben Judenhute, fahrendes Volk und Landstreicher
jeder Art, die dort ihre Künste zum besten zu geben
oder durch Betrug und Diebstahl die Taschen zu
füllen hofften.

An diesem Abend hatten sich in dem weiten Gast=
zimmer des „Blauen Hechtes" viele zusammen ge=

funden. Jetzt sollten sich zu den Anwesenden auch
noch die späten Ankömmlinge gesellen, die Cyriax
hatte herbeireiten sehen.

Es war eine ansehnliche Schar.

Den vier vornehmen Herren an der Spitze des
Zuges folgte als Geleit ein Viertelhundert Nürn=
berger Söldner, eine schmucke Rotte, die mit den
karmesinroten Röcken und den weißen Sparren auf
den puffigen Aermeln einen gar munteren Anblick
gewährte. Ihre Helme und Harnische blitzten im
hellen Licht der scheidenden Sonne des letzten Julius=
tages hell auf, als sie vor dem breiten Thore des
Blauen Hechtes die Rosse wandten, um in Milten=
berg einzureiten und bei der Bürgerschaft Quartier
zu fordern.

Der Hufschlag, die Kommandorufe, die Stimmen
der Herren und Knechte draußen zogen viele Gäste
vor die Thür und an die Fenster des lang hin=
gestreckten, weiß getünchten Hauses.

Die Landstreicher behaupteten mühelos den Platz
bei dem ihren; denn es lüstete niemand, ihnen nahe
zu kommen.

Das Mädchen mit dem verbundenen Fuße hatte
jetzt gleichfalls das Antlitz der Straße zugewandt.
Während ihr Blick auf dem jüngsten der Nürnberger

Herren ruhen blieb, röteten sich ihr die bleichen Wangen, und wie von ungefähr drang ihr der Ruf: „Er ist es!" über die Lippen.

„Wer?" frug die rote Gitta, und schnell erfolgte die leise Antwort: „Den Lienhard mein' ich, den Groland."

„Der junge," lallte Cyriax der Lahmen entgegen und fuhr dann, indem er das Tuch lüftete, neugierig fort: „Hast Bekanntschaft mit ihm geschlossen? Im Guten oder im Bösen?"

Da fuhr das Mädchen, an dessen Antlitz trotz der eingefallenen Wangen und des dunklen Halbrundes unter den tiefliegenden blauen Augen immer noch deutliche Spuren früherer Schönheit bemerkbar waren, auf und versetzte herb und doch nicht überlaut, denn das Reden fiel ihr sauer: „Gut ist, was ihr bös, und bös ist, was ihr gut nennt. Mein Handel mit dem Lienhard, dem Groland, geht mich allein an, und — daß ihr's wißt — er bleibt mein eigen."

Dabei schaute sie verächtlich von den anderen fort ins Freie; der Kettenträger Cyriax aber stieß trotz der verstümmelten Zunge schnell und unwirsch hervor: „Sagt' es ja schon! Sie wird noch als Heilige enden."

Dann ergriff er unsanft den Arm Kunis, zog sie in seine Nähe und raunte ihr höhnisch zu: „Der Ratz hat den Beutel voll und hält fest an dem Gebot für den Karren. Sperrst Du Dich lang, so bekommt er ihn und den Esel dazu, und Du bleibst hier fein liegen. — Was war's mit dem Groland? Magst sehen, wie Du mit dem Beinstumpf ohne uns fortkommst, wenn wir Dir zu schlecht sind."

„Für alle Ewigkeit sind wir Dir auch nicht verpflichtet wegen des Kindes," fügte die rote Gitta begütigend hinzu. „Aergere den Mann nicht, sonst hält er noch Wort mit dem Fuhrwerk, und wer anders wird sich mit Dir Zunichtsgut belasten?"

Da senkte das Mädchen den Blick und ließ ihn auf dem verstümmelten Beine ruhen.

Wie wollte sie fortkommen ohne den Karren, der sie aufnahm, wenn die Pein zu scharf und der Weg ihr zu hart und zu lang ward?

So wandte sie sich denn wieder den anderen zu und sagte in beschwichtigendem Tone: „Das alles fällt ja noch in die Zeit vor dem Sturze." Dann blickte sie wieder ins Freie. Doch sie fand dort nicht mehr, was sie suchte. Die Nürnberger Reisenden waren durch den breiten Thorweg in den großen, viereckigen Hof eingeritten, den lange Stallgebäude auf drei

Seiten umgaben. Als Cyriax und sein Weib sie
dann von neuem anriefen und zu wissen begehrten,
was es mit ihr und dem Groland gegeben, umschlang
sie die Kniee mit den Händen, heftete den Blick auf
das bunte Zeug, das die Stelle umwand, an der
man sie des Fußes beraubt, und fuhr leise und wider=
willig fort: „Wie ich an den Groland kam? —
Ein halb Dutzend Jahre mag's her sein. Vor
St. Sebald in Nürnberg war es. Es gab dort ein
großes Gedränge. Hochzeiter wurden erwartet. Der
Verlobte gehörte zum Rate. Der Lienhard war es,
der Groland. Still sollt' es hergehen bei der Ver=
mählung; denn des Bräutigams Vater lag schwer
darnieder. Trotzdem hätte es kein dichter Gedränge
geben können bei der Hochzeit des Kaisers. Ich
stand mitten drinnen. Da fiel dicht vor mir einer
dicken Meisterin — wie ein Pfau war sie aufgeputzt
— der Rosenkranz vom Gürtel; — ein köstlich
Stück. — Eitel Gold und böhmische Granaten. Ich
ließ es nicht liegen."

„Gottes Wunder!" kicherte Cyriax; das Mädchen
aber hatte einen heftigen Hustenanfall zu überwinden,
bevor es fortfahren konnte: „Der Schapel brannte
mir in der Hand. Gern hätt' ich ihn von mir gethan,
doch die Meisterin stand nicht mehr vor mir. — Wahr=

scheinlich wär' es später zum Zurückgeben gekommen,
aber gewiß will ich's nicht sagen. Es wäre mir auch
keine Zeit dazu verblieben; denn da kamen die Hoch=
zeiter schon, und um ihretwillen ... Doch wozu das
Gerede. Während ich noch schaute, bemerkte die
Meisterin den Verlust. Ein Büttel ergriff mich, und
so kam ich ins Loch und am nächsten Tag vor die
Schöffen. Der Groland war mit darunter, und weil
es doch nicht sicher war, ob ich das gefundene Gut
nicht zurückerstattet hätte, redete er mir das Wort.
Als mich die anderen aber dennoch zur Strafe ziehen
wollten, bat er mich frei, weil es mein erster Fehl
sei. So kamen wir zusammen, und wenn ich noch
zugebe, daß ich's ihm danke, so wißt ihr genug.“

„Hm,“ machte Cyriax, gab seinem Weibe schrill
aufkichernd einen Stoß in die Seite und knüpfte Be=
merkungen an das eben Gehörte, die selbst der roten
Gitta zu der Versicherung Anlaß gaben, es sei kaum
schade um seine Zunge.

Kuni wandte dem Lästerer indes mit einer un=
willigen Bewegung den Rücken und schaute wieder
zum Fenster hinaus. Die Nürnberger Herren waren
verschwunden; einige Knechte aber schnallten die Fell=
eisen von den Rossen, andere trugen sie schon in das
Haus. Die vornehmen Reisenden säuberten sich wohl

von dem Staube des Weges, bevor sie das Gastzimmer betraten.

Das dachte sich Kuni und schaute bald ins Leere,
bald sich selbst in den Schoß. Ihr Auge hatte einen
träumerischen Glanz gewonnen; denn das Ereignis,
wovon sie eben berichtet, trat ihr mit greifbarer
Deutlichkeit vor die Seele.

Es war ihr, als sähe sie zum andernmale den
Hochzeitszug, der sich St. Sebald näherte, und das
zu vermählende Paar, das ihm voranschritt.

Etwas Holdseligeres als die Braut mit dem
Myrtenkranz auf dem edel geformten Haupte, von
dem ein feiner Spitzenschleier über das volle, lange
Blondhaar niederwallte, meinte sie nie gesehen zu
haben. Wie gebannt mußte sie zu ihr hinschauen.
Als sie an der Hand des Bräutigams hinschritt, war
es gewesen, als schwebe sie über die Reislein und
Blumen hin, die man — es war im Februar gewesen — auf den Kirchweg gestreut. Wie Kuni dann
die Braut die großen blauen Augen so warm und
doch so sittig zu dem Geliebten aufschlagen und den
Bräutigam ihr dafür mit einem langen, glückseligen
Minneblick danken sah, hatte sie sich gefragt, wie es
einer zu Mute sein müsse, die sich so rein, so voll
von süßer Minne und so heiß wiedergeliebt mit dem

ersten und einzigen, dem sie sich für ein ganzes Leben hingeben wollte, von tausend frommen Wünschen begleitet, dem Gotteshaus nähern durfte. Wie damals, so lief es ihr auch jetzt wieder heiß über den Rücken. Dann umspielte ihr ein bitteres Lächeln die Lippen.

Wem das zu erleben, wem solches zu teil zu werden vergönnt war, hatte sie sich damals gefragt, ob dem die Ueberfülle des Glücks das Herz nicht sprengen müsse? Jetzt war es aus mit dem Wünschen, der Hoffnung und jedem neuen Vorsatz zum Guten wie zum Bösen. In jener Stunde vor St. Sebald wäre sie noch fähig gewesen zu allem, allem, vielleicht sogar zum Besten, wenn einer sie ans Herz gezogen hätte wie der Lienhard Groland das schöne Jungfrauenbild an seiner Seite.

Wieder mußte sie des Zaubers gedenken, mit dem der Anblick dieser beiden sie gezwungen hatte, jeder ihrer Bewegungen zu folgen, auf sie und sie allein zu schauen, als gäbe es außer ihnen nichts auf Erden. Verhext, wie oft hatte sie es sich wiederholt, war sie zu jener Stunde gewesen, ob von ihm oder von ihr, sie konnte es nicht unterscheiden. In der vorwärts drängenden Menschenmasse war sie von der Meisterin, die den Rosenkranz verlor, abgedrängt worden. Auch nicht im entferntesten hatte sie seiner

noch gedacht, als der Büttel sie plötzlich aus dem
entzückten Schauen in die rauhe Wirklichkeit zurück=
stieß. Mit einem plumpen Griffe hatte er ihre Hand,
in der das Kleinod ruhte, ergriffen. Dann war sie,
von dem Schelten und Pfeifen der Leute verfolgt,
in das Loch gebracht worden.

Jetzt sah sie sich wieder unter dem dorthin zu=
sammen geschleppten rohen Gesindel, jetzt fühlte sie
wieder, wie sie aufatmete, als man sie über den
Rathaushof vor die Schöffen führte. O, könnte sie
nur noch einmal die Gottesluft so frei und tief ein=
atmen wie damals! Aber damit war es vorbei. Die
arme, kranke Brust ließ sich dergleichen nicht mehr ge=
fallen.

Dann war es ihr, als stünde sie wieder vor den
Richtern, die sie die Fünfherren nannten. Neben dem
Pfänder *) hatten vier Schöffen an dem mit grünem
Tuche bekleideten Tische gesessen; der eine aber, der
die anderen alle an Größe und mannhafter Schön=
heit überbot, war derselbe Lienhard Groland gewesen,
der gestern die wunderholde Jungfrau, die es ihr an=
gethan, zum Altar geführt hatte. Jetzt fühlte sie
nach, wie ihr das Blut in die Wangen gestiegen

---

*) Polizeimeister.

war, als sie ihn, der doch nichts von ihr wissen
konnte, als daß sie eine Dirne, die sich an fremdem
Eigentum vergriffen, wiedergesehen hatte. Doch bald
genug war ihr Blick dem seinen begegnet, und er
hätte blind sein müssen, wenn er aus dem leuchtenden
Glanz ihrer blauen Augen, die früh gelernt hatten,
um Beifall zu werben und Minne zu verheißen, nicht
erkannt hätte, was er ihr galt und wie dankbar ihr
Herz für ihn schlug. Nachdem nämlich die anderen
Herren sie hart angelassen hatten und schon über-
eingekommen waren, sie an den Pranger zu stellen,
hatte er die Stimme für sie erhoben und die übrigen
Schöffen gebeten, diesmal Gnade für Recht ergehen
zu lassen, weil sie noch so jung und doch vielleicht
willens gewesen sei, den Rosenkranz später zurück zu
erstatten. Endlich hatte er sich lächelnd zu den Bei-
sitzern vorgebeugt und ihnen mit gedämpfter Stimme
etwas anvertraut. So leise war es geschehen, daß
seine Absicht, es ihr vorzuenthalten, auf der Hand
gelegen hatte. Ihr Gehör aber war scharf gewesen
wie das eines Vogels und kein Wort ihr entgangen.
Für ein böses Omen oder Vorzeichen müßten er und
seine junge Hälfte es halten, war der Inhalt seiner
Rede gewesen, wenn ein bis dahin unbestraftes junges
Menschenkind gerade während seines Ganges zum

Altar in Schimpf und Schande und vielleicht für
den ganzen langen Rest seines Lebens ins Unglück
geraten.

Wie hoch hatte ihr das Herz bei dieser Forde-
rung geschlagen. Als sie aber bewilligt, die Verhandlung geschlossen und ihr mitgeteilt worden war, man
werde sie diesmal frei ausgehen lassen, war sie ihrem
Erretter, der mit den anderen Schöffen das Sitzungs-
zimmer verließ, nachgeeilt, um ihm zu danken. Er
hatte sich auch zurückhalten lassen, und als sie sich
mit ihm allein gesehen, war sie erst mit überströmenden Augen keines Wortes mächtig gewesen. Um sie
zu beruhigen, hatte er ihr die Hand auf die Schulter
gelegt. Dann war er ihrer Beteuerung, daß sie zwar
nur eine Fahrende sei, die auf dem Seile tanze, daß
sie sich aber noch nie an fremdem Gute vergriffen,
gütig gefolgt.

Jetzt schloß sie die Augen, um das Erinnerungs-
bild fester zu halten, das ihr greifbar deutlich vor
der Seele stand. Da sah sie sich wieder seine Hand
ergreifen, um sie demütig und doch mit feuriger Hingabe zu küssen, da traf sie abermals das überlegene
und doch freundliche Lächeln, mit dem er sie ihr ent-
zog, da schauerte sie glückselig zusammen; denn sie
meinte wieder zu fühlen, wie er ihr, als sei sie ein

krankes, hilfsbedürftiges Kind, beschwichtigend mit der weißen, schlanken Rechten über das schwarze Haar und die heiß erglühenden Wangen strich. Etwas Köstlicheres als diese Augenblicke hatte ihr das spätere Leben nicht wieder vergönnt.

Wie schon so oft bemächtigte sich ihrer die Er=
innerung an sie mit solcher Gewalt, daß sie nicht von ihr loskommen konnte und sich jeden seiner Blicke, jede seiner Bewegungen vor Augen führte. Während es ihr war, als hörte sie seine Stimme, deren tiefer, reiner Klang ihrem musikalischen Ohr wohlgethan wie keine vorher und nachher, ihr wie damals raten, von dem Landstreicherleben zu lassen, und als lauschte sie noch einmal seiner Versicherung, es wäre ihm leid um sie und es würde ihm weh thun, wenn sie, die ihm eines besseren Loses wert erscheine, so jung an Leib und Seele verderbe. Dabei sah und hörte sie nichts mehr von allem, was in ihrer Nähe und in dem großen Gastzimmer vorging und schaute, wie sich selbst entrückt, ins Leere.

Der Cyriax und die anderen hatten freilich leiser zu reden begonnen; denn sie sprachen von ihr und von dem vornehmen Paare, während dessen Kirch=
gang Kuni den Rosenkranz gestohlen.

Raban, ein langer, hagerer Landstreicher mit rot=

geränderten Augen in dem von dunklen Bartstoppeln
strotzenden häßlichen Gesicht, wußte näheres über die
Hochzeiter zu berichten. Er zog in der Welt umher
und gab, so oft er die Hand ausstreckte, vor, er bettle,
um das Wehrgeld zusammen zu bringen, dessen er,
weil er einen andern in der Notwehr erschlagen, be-
dürfe, um nicht dem Henker zu verfallen. Sein
Vater selig hatte zu Eschenbach bei Nürnberg in der
Schmelzhütte den Ofen geheizt, und die Braut war
Katharina, die älteste der drei Töchter des Besitzers
der Gießerei, des alten Harsdörffer vom Rate. Der
sei ein Mann von Stahl und Eisen gewesen und dem
Vater des Lienhard Groland in allen Stücken, auch
bei der Amtsführung entgegen. Als er herausgebracht,
daß der junge Mann mit seiner Tochter einen Liebes=
handel begonnen, hatte er ihn wegen Bruchs des
Gesetzes, das den Unmündigen verbot, ohne Ein=
willigung der Eltern ein Verlöbnis zu schließen,
vor Gericht gezogen. Lienhard war deswegen von
den Schöffen auf fünf Jahre aus der Stadt verbannt,
doch durch allerlei hohe Fürsprache dieser Strafe
enthoben worden. Noch lang hatte der alte Hars=
dörffer später den Freier von seiner Tochter fern zu
halten gewußt, bis er endlich von dem Widerstande
gelassen.

„Und bald genug kam der Teufel und brach ihm
das steife Genick," fügte Cyriax, auf den die Er=
zählung des Landstreichers gewirkt hatte wie das
rote Tuch auf den Stier, kreischend hinzu. „Wenn
der Groland da draußen seinem Schwiegervater
gleich sieht, trink' ich ihm etwas zu, das ihn brennen
soll wie Pest und Verderben."

Damit riß er die Flasche aus dem Wamse, und
nach einem langen Zuge und einem noch längeren
„Ah!" lallte er den anderen entgegen: „Hab' der
Junge Valet sagen müssen, und doch steckt sie mir
leibhaftig wie eine trockene Schuhsohle da drinnen.
Das kommt von dem Gered bei der Hundstagshitze."

Dann schaute er in die leere Flasche und wollte
Kuni fortschicken, um sie wieder füllen zu lassen.
Dabei schaute er ihr in das blasse, von schwerem
Leid entstellte Antlitz, über das sich jetzt ein sonniger
Glanz breitete, der es seltsam verschönte. Und wie
groß ihre blauen Augen immer noch waren! Als
er sie in Spanien aufgelesen hatte, war sie schon
elend und des Fußes beraubt gewesen. Der Groland
hatte seinerzeit wohl gewußt, warum er sie freigab;
denn sauber genug mußte sie ausgesehen haben, und
er wußte auch, daß sie vor dem Sturze zu den ge=
schicktesten Seiltänzerinnen gehörte.

Neben Raban kauerte ein alterndes Weib mit ihrem Buben, dessen Blindheit ihr half, das Mitleid der Leute zu erwecken. Kuni hatte sie vorhin als alte Gefährtin begrüßt. In der berühmten Bande des Loni waren sie von Land zu Land gezogen, — und da Raban eben Cyriax die Flasche reichte, wandte er sich von der Träumenden ab, deren Dienst er jetzt nicht bedurfte, und raunte der Mutter des Blinden, die unter ihresgleichen heute noch die Springergundel hieß, mit gedämpfter Stimme neugierig die Frage zu, ob der sieche Hinkefuß dort einmal etwas gleich gesehen habe und was sie unter den Seiltänzern gegolten.

Da leuchteten dem ergrauten Weiblein, das als „Phyllis" durch ihren zierlichen Eiertanz und allerlei Balancirkünste reichen Beifall geerntet, bis die alternden Glieder ihr steif geworden waren, die Augen auf. Ihr und ihrem blinden Buben war endlich von dem Führer der Bande als Ausruferin das Leben gefristet worden. Ihre Stimme klang darum so dumpf und heiser, daß es Mühe kostete, sie zu verstehen, als sie mit feuriger Lebhaftigkeit, und doch vergebens bemüht, von der weit abwesenden Kuni vernommen zu werden, anhob: „Selbst der spanischen Maravella that sie's zuvor. Und was sie zu Augsburg während des Reichstags geleistet... Ich sage Dir, Cyriax, wenn sie auf dem Turmseil mit der Stange und ohne..."

„Das kam uns schon anderwärts zu Ohren," unterbrach sie der Lästerer. „Ob sie den Manns= leuten ins Auge stach, will ich wissen."

„Was geht das Dich an?" fiel ihm die rote Gitta hier eifersüchtig ins Wort und suchte ihn an der Kette von der Springergundel fortzuziehen.

Da lachte Raban belustigt auf, und der lahme Jungel stieß die rechte Krücke mit einem fröhlichen „Daß Dich!" kichernd zu Boden.

Kuni war an solche Ausbrüche der Heiterkeit ge= wöhnt. Fast immer wurden sie von etwas Nichtigem verursacht, und diesmal überhörte sie sie gänzlich; Cyriax aber schlug sein Weib so derb auf die Hand, daß sie wütend an der Kette riß und mit einem leisen Fluch auf die getroffene Stelle blies. Die Springer= gundel berichtete indes, wie vielen ansehnlichen Herren Kuni es früher angethan habe. Behend wie ein Eich= horn sei sie gewesen. Ihr hübsches Frätzlein mit den blauen Flackeraugen, aus denen tausend Teufelein gelugt, hätten auf die Mannsleute gewirkt wie Speck auf die Mäuse. Dann berichtete sie, froh, auch ein= mal Zuhörer zu finden, in schnell dahinfließender

Rede, wie so manchem reichen Pfründner sie die Gulden und Zechinen aus dem Beutel gezogen. Reich
könnte sie sein wie die Fugger, wenn sie nicht den
Sturz gethan und es verstanden hätte, das Ihre zu-
sammenzuhalten. Aber das Gold hätte es nicht bei
ihr gelitten. Von sich geworfen hätte sie's wie unnützen Plunder. So lang sie etwas besessen, hätt'
es keine Not gegeben bei der Bande des Loni. Mehr
als einmal wäre sie ihr in den Arm gefallen, wenn
sie schlechtem Bettelgesindel statt Hellern ungarische
Dukaten in den Rachen geworfen. Auch an das Alter
hätte sie das Mädchen oft genug erinnert; aber länger
als wenige Wochen wäre sie an keinem gehangen, obwohl auch etliche darunter gewesen, die sie leicht hätte
dahin bringen können, ihr den Ehering zu bieten.

Dann schaute sie sich von neuem nach Kuni um,
und als sie gewahrte, daß sie ihrer immer noch mit
keinem Blicke achtete, verdroß es sie, und indem sie
Chriax näher rückte, fuhr sie noch lauter als vorhin fort: „Ein wankelmütigeres, treuvergesseneres,
kälteres Herz als das ihre ist mir freilich nimmer
begegnet, selbst nicht unter den Wüstesten, die der
Loni sich nachzog; — denn wie blind sich auch die
närrischen Verliebten jeder ihrer tollen Launen unter-
warfen, — sie lachte auch über die schönsten und

treusten. „Zuwider sind sie mir alle,‘ war ihre Rede. „Keinem würd’ ich erlauben, mir auch nur an den Finger zu tasten, könnt’ ich ihre Zechinen nicht brauchen.‘ Mit denen, sagte sie, hülfe sie den Reichen, den Armen wiederzugeben, was sie ihnen gestohlen. Wie einen Hund hat sie auch gar manchen guten Herrn behandelt, ja um ein ganzes Teil härter und schlimmer; denn gegen das Viehzeug, das mit der Lonibande zog: die Pudel und Rößlein, ja sogar gegen die Sittiche und Tauben, erwies sie sich zärtlich genug. — Mit den Kindern gar, auch den kleinsten — gelt, Peperle? — konnte sie’s treiben wie die eigene närrische Mutter.“ Damit strich sie dem kleinen Blinden über das Blondhaar und fuhr dann aufseufzend fort: „Doch der Bub’ war noch zu jung, um des zu gedenken. Die Klapper, die sie ihm zu Augsburg — es war dicht vor dem Sturze — schenkte, weil sie ihm so gut war — heilige Kuni= gunde, wie könnte unsereins in der bitteren Not solch unnützes Kleinod bewahren? — von eitel Silber ist sie gewesen. Die von brünstiger Minne ergriffenen Tröpfe freilich, denen sie so grausam mitspielte, die hätten sie eher alles anderen fähig gehalten, als solcher Gutheit. Da war auch ein schwäbischer Ritter an sie gekommen, ein junges Blut ...“

Hier stockte sie; denn Cyriax samt den anderen
Landstreichern, und auch diejenige, der ihre Rede galt,
waren aufgefahren und schauten nach der Thür hin.

Kuni öffnete dabei die Augen so weit, als begegne ihr ein Wunder, und die glühend roten Flecken
auf den eingefallenen Wangen verrieten, wie tief sie
bewegt war. Etwas Aehnliches hatte sie aber auch
nimmer erfahren; denn während sie soeben noch der
Zeit gedacht, in der sie durch die Fürsprache Lienhard
Grolands in das Haus der alten, reichen Frau Schürstabin gekommen war, um sich dort der Landstraße zu
entwöhnen, und wie sie sich dabei seinen guten Zuspruch vergegenwärtigt, als er sie dort einmal traurig
gesehen hatte, war es ihr gewesen, als hätte sie
seine eigene Stimme wirklich vernommen. Wie es
ihr aber noch dünkte, sie klänge ihr an das Ohr,
wurde ihr plötzlich bewußt, daß das, was sie da hörte,
in der That aus seinem Munde kam. Was sie im
Traume vernommen hatte und was ihr nun von
seinen eigenen Lippen von der Thür her entgegen-
scholl, das floß jetzt untrennbar in eins zusammen.
Nie hätte sie gedacht, daß die Einbildungskraft etwas
Abwesendes so treu wiederzugeben vermöge. Auflauschend sagte sie sich, bei den vielen tausendmalen,
an denen sie sich im Geiste mit ihm unterredet, sei

es ihr ebenso ergangen, hätte sie ihn geradezu selbst sprechen hören. Und ihren Augen war das nämliche widerfahren; denn genau so wie er da auf der Schwelle stand, wo er durch die Hechtwirtin aufgehalten wurde, hatte sie ihn bei jedem Rückblick in längst vergangene Tage geschaut. Nur noch mannhafter war sein Antlitz, gewichtiger seine Haltung geworden. Der freundliche, herzgewinnende Zug an dem bärtigen Munde war ihm indes treu verblieben; auch hatte sie sein Auge mehr als einmal noch weit wärmer leuchten sehen als jetzt, da er der behäbigen Frau für ihr herzliches Willkommen dankte.

Während der Blick Kunis noch wie gebannt an ihm hing, stieß Cyriax sie an und lallte ihr hastig zu: „Sie müssen, scheint's, an uns vorbei. Weiter vorwärts, Weiber, und vor mich hin. Den Rock auseinander, Rote! An die Leber kann mir's gehen, wenn der feine Nürnberger mich hier wahrnimmt und ihm dies und das in den Sinn kommt!"

Damit riß er Kuni unsanft vom Fenster fort, warf den Sack, den er aus dem Karren mit hiehergenommen, vor sich hin und nötigte sie, Platz auf ihm zu nehmen, während er sich selbst ausstreckte, dem Estrich das Antlitz zukehrte und sich hinter den Weibern schlafend stellte.

Kuni war es recht so. Wenn Lienhard Groland nun an ihnen vorbei kam, mußte er sie gewahren, und sie kannte keinen höheren Wunsch, als seinem Blick, bevor alles vorbei war, noch einmal zu begegnen. Dennoch fürchtete sie sich vor diesem Wiedersehen. Wie sehr, das lehrte sie der stürmische Schlag ihres Herzens und das Röcheln der kranken Lungen. Vor den Ohren sauste es ihr, und es flimmerte ihr vor den Augen. Dennoch mußte sie beide offen halten; denn was konnten die nächsten Minuten nicht bringen!

Zum erstenmale seit ihrem Eintritt schaute sie sich in dem sehr großen länglichen Gastzimmer um, das den Namen eines Saales verdient hätte, wäre es dafür nicht zu niedrig gewesen.

Es wimmelte von Reisenden in dem heißen, von Fliegen durchsummten Raume. Das Weib und die Töchter eines Federkräuslers, die mit dem Gatten und Vater den Reichstag zu besuchen gedachten, wo mancher vornehme Herr für das eigene Haupt und das seiner Gemahlin des Federnschmuckes bedurfte, ließen eben den Kamm sinken, mit dem sie einander die Haare strählten. Das Schuhmacherpaar aus Nürnberg unterbrach die wohlbegründete Strafpredigt, die es seinem Lehrburschen in lebhafter Wechselrede hielt. Der Frankfurter Bote legte die Nadel aus der Hand, mit der er das Dachsfell auf dem Ranzen flickte. Die fahrenden Spielleute, die, um etliche Heller zu sparen, statt des warmen Mahles, das der anderen harrte, Brot, Käse und Rettich zu speisen begonnen hatten, ließen das Messer ruhen und den Weinkrug sinken. Die Kaufleute, die sich über die politischen Händel in Italien und über den künftigen Türkenkrieg heiß gestritten, verstummten. Die vier Mönche, die das Haupt an den Sims des geschlossenen breiten Kamins gelehnt hatten und trotz der Fliegenscharen, die sie umsummten, eingeschlafen waren, erwachten. Der Ablaßkrämer in der schwarzen Kutte unterbrach die eindringliche Rede, die er an die Leute hielt, die seinen Kasten umstanden. Auch sie: Kriegsknechte, wandernde Handwerksburschen, Bauern und Handelsleute samt ihren Weibern, die wie die meisten Anwesenden auf das Mainschiff warteten, das morgen in der Frühe abgehen sollte, schauten nach der Thür hin. Nur die Studenten und Bacchanten,*) die am Munde eines kleinen, schmächtigen Gelehrten mit scharfen, geistvollen Zügen hingen, achteten weder der Zugluft, die der Eintritt der neuen ansehnlichen

---

*) Fahrende Schüler.

Gäste und ihres Gefolges erzeugte, noch des all-
gemeinen Aufsehens, das ihr Erscheinen erregte, bis
Doktor Eberbach, der unscheinbare, lebhafte Sprecher,
in einem von ihnen den berühmten Nürnberger
Humanisten Wilibald Pirckheimer erkannte.

Anfänglich hatte auch Dietel, der alte Auf=
wärter mit dem grauen Wollhaar auf dem
kugelrunden Kopfe, keinen Blick für sie gehabt. Ohne
ihrer zu achten, war er fortgefahren, mit Hilfe seiner
beiden dem Knabenalter kaum entwachsenen Gehilfen
die langen und kurzen Tische von Tannenholz zu
decken, die er, wo es angegangen war, einen freien
Raum zu schaffen, aufgestellt hatte.

Grob und viel gebraucht waren die fleckigen Tisch=
tücher, die er über die Platten breitete, von beulen=
reichem Zinn das Geschirr, das die jungen Gehilfen
ihm mit krummen Knieen nachtrugen. Stoßweise wie
die Heuschrecke schwang er den starken Leib in der
kurzen Jacke hierhin und dorthin. Dabei quoll ihm
das Hemd aus dem Gürtel hervor; das weiße Tuch
unter seinem Arm verschob sich aber um keines Fingers
Breite. Im kleinen wie im großen sah Dietel eben

auf Ordnung. So fuhr er unbeirrt in seiner Thätig=
keit fort, bis ein unerfahrener Ulmer Handlungs=
gehilfe, der bald weiter zu reiten begehrte, ihn an=
sprach und etwas Besonderes zu speisen wünschte.
Da zog Dietel den Gürtel tiefer herunter und schnob
den jungen Mann unwillig an: „Wartet fein auf das
Mahl für alle. Wir gewähren hier keine Ausnahm'!"

Einmal in seiner Thätigkeit unterbrochen, faßte
er auch die Eintretenden ins Auge und warf dann
einen verdrossenen Blick in die Ecke des Saales, wo
ein mit feinem Linnen gedeckter Tisch stand, auf dem
silbernes Geschirr prangte, und darunter eine Schale,
in der frühe Birnen und Pflaumen zum Zugreifen
luden. Die Frau Hechtwirtin hatte sie vor einer
Stunde mit den eigenen wohlgepolsterten und doch
flinken Händlein zwischen frischen Weinblättern zier=
lich geordnet. Für die Herren von Nürnberg und
ihre Gäste waren sie natürlich bestimmt. Dietel wußte
jetzt auch, wer sie waren und daß zu ihnen kein
Geringerer gehörte als der Stadtschreiber von Augs=
burg, der weitberühmte und hochgelehrte Doktor und
kaiserliche Rat Konrad Peutinger. Gemeinsam und
unter dem gleichen Geleit ritten sie nach Köln. An=
sehnliche Männer waren die Nürnberger so gut wie
ihr Gast; Dietel aber hatte im Blauen Hecht seit

vielen Jahren hohe Herren, und darunter auch ge-
krönte Häupter, zu Dutzenden bedient und es dabei
an nichts fehlen lassen. Für diese städtischen Halb-
götter sollte indes seine Aufwärterkunst nicht genügen;
denn der Hechtwirt selbst wünschte an ihrer Tafel
nach dem Rechten zu sehen. Narrenspossen! Gab es
doch drüben in der Stube der Landsknechte und der
städtischen Söldner, wo der Herr sonst in eigener
Person schaltete, gerade heute übergenug für ihn zu
schaffen. Das erregte Dietel die Galle. Die Küche des
Blauen Hechtes, der die Frau Wirtin selbst vor-
stand, konnte sich auch mit jeder in Franken, im Rheinland und in Schwaben messen, und doch sollte sie
für die Nürnberger zu schlecht sein. Der Ratskoch,
ein aufgeblasener Dicker, begleitete sie und hatte schon
am Herde neben der Wirtin für sie zu hantiren begonnen. Der Bedienung hätten sie von Rechts wegen
gar nicht bedurft; denn sie führten eigene Aufwärter
mit sich. Wem es auch sei etwas Böses zu wünschen,
war sonst Dietels Sache gewiß nicht; wenn aber der
Verlichinger Götz, der erst neulich bei Forchheim einen
Kaufmannszug, der von Leipzig kam, geworfen, oder
der Hans von Geißlingen über sie gekommen wäre
und ihnen den Hochmut gedämpft hätte — ihm, dem
Dietel, hätt' es die Eßlust gewiß nicht verdorben.

Da schritten sie endlich vorwärts. Mochten die
anderen ihnen begegnen wie sie wollten, er wenigstens
wollte ihnen nichts einreden und sich nicht vor ihnen
neigen wie die Aehren vor dem Joseph aus der
Geschrift. — Ein Auge wendete er indeß doch daran,
um sie zu betrachten, während er der pausbackigen
Küchenmagd, die sich jetzt zu ihm durchgedrängt hatte,
ein frisches bräunliches Brötlein nach dem andern
aus dem Korb nahm und sie von Teller zu Teller
legte. Wie gut aufgegangen und wie knusperig sie
waren! Sie krachten ordentlich, wenn man sie mit
dem Daumen drückte. Für die Nürnberger hatten
sie dennoch besondere Weizenwecken gebacken! Ob
die gute Gottesgabe für die Ehrbaren mit den gül-
denen Ketten zu schlecht war?

Und daß sich jetzt selbst der kleine, schmächtige
Doktor Eberbach und die Studenten und Bacchanten,
die ihn wie seine Jünger scharf auflauschend umstanden hatten, ehrerbietig verneigten! Sogar den
ehrwürdigen Dominikaner Jakobus, den Ablaßhändler,
hatten die unfrommen, dreisten Gesellen, da er sie
anrief, von sich gewiesen wie einen lästigen Bettler.
Was wußten die Kaufleute, die Handwerker und
Musikanten von den lateinischen und griechischen
gottlosen Schriften, die den Namen Pirckheimer und

Peutinger unter die Leute brachten, und wie unter-
würfig verneigten sich jetzt auch manche von ihnen.
Nur die Gepanzerten mit dem Schwert an der Seite
hielten den Kopf hoch. Sie bewiesen, daß sie sich
mit Recht „fromme Landsknechte" nannten. Der
breitschulterige Ritter mit dem Federhut und im
Harnisch, der neben ihnen her ging, war der Ritter
Hans von Oberniß, der Schultheiß von Nürnberg.
Aus dem alten Brandensteiner Geschlechte sollte er
stammen, und doch — ob die Welt sich verkehrte —
auch er lauschte auf jedes Wort des Wilibald Pirckheimer und Doktor Peutinger wie auf eine Offen-
barung. Der greise Arzt und Altertumsfreund Hartmann Schedel, den Herr Wilibald troß des Podagra,
das ihn bisweilen zwang, das glattrasirte, fast über-
volle kluge Gesicht ein wenig zu verziehen, wie ein
sorgsamer Sohn am Arm führte, glich mit dem
langen Silberhaare gar einem Erzvater oder Apostel.

Der junge Abgesandte des Nürnberger Rates,
Herr Lienhard Groland, hielt sich hinter den anderen
zurück und schien Umschau in der Wirtsstube zu
halten.

Was hatte der für helle, durchdringende Augen,
wie fein geschnitten war das längliche Antliß mit
der kräftigen, kaum merklich gebogenen Nase, wie voll

floß das leicht gewellte braune Haar ihm über den
schlanken Hals, wie wohl stand seinem Kinne der
feine Spitzbart, mit wie strenger Majestät erhob sich
sein Haupt über der breiten, faltigen, schneeweißen
Krause, die er eben erst frisch angethan haben mußte.

Jetzt traf sein Blick die fahrenden Leute, und
Dietel bekam nun etwas zu sehen, was sein ganzes
Wesen vollends aus dem Gleichgewicht brachte; denn
zum erstenmale ließ er das Tellertuch die Lage wech=
seln und riß es von seiner Stelle unter dem linken
Arme, um es unter den rechten zu werfen. Er kannte
Kuni schon lange. In der guten Zeit, als sie noch
die Zierde der Bande des Loni gewesen war und
die Mannsleute angezogen hatte wie eine reife Birne
die Wespen, war sie oft genug hier eingekehrt, und
er und der Hechtwirt hatten sie gern aufgenommen;
denn wer ihrer Gunst teilhaftig zu werden wünschte,
der hatte das Beste und Teuerste auftragen lassen
müssen, und immer nicht nur für sich und sie allein,
sondern für eine ganze Tafel voll ausgehungerter
Gäste. Als sie ihm vorhin wieder begegnet war,
hätte er sie indes ohne die Springergundel nimmer
wieder erkannt. Zwar kam es ihm nicht unerwartet,
sie so wieder zu sehen; ihr Anblick hatte ihm aber
trotzdem ins Herz geschnitten; denn Kuni war etwas

Besonderes gewesen und nun doch in tieferes Elend
geraten als die vielen weit Geringeren, die er ihr
auf dem Wege bergab hatte voranstolpern sehen. Wie
er jetzt gewahrte, daß der Blick Lienhard Grolands
sie traf, bemerkte er auch, wie sich ihr das abgezehrte
Gesicht wunderlich verfärbte. Wo es eben noch blaß
gewesen war wie das Tuch unter seinem Arme, wurde
es rot wie die Balsaminen am Fenster, und wo es
eben noch hell erglüht war, verlor es gleich wieder
die Farbe. Sie, die früher keck genug um sich geschaut hatte, schlug die Augen nieder und blickte so
schämig zu Boden wie eine sittige Jungfrau beim
Kirchgang.

Und was war das?

Dem Ehrbaren vom Nürnberger Rate mußte die
Dirne nicht nur von fern bekannt sein; denn kaum
war sein Blick dem ihren begegnet, als ihm ein selt-
sames Lächeln über das männlich ernste Antlitz flog.

Jetzt drohte er ihr auch — war es im Ernst oder
im Scherz? — mit dem Finger. Einen Augenblick
blieb er sogar vor ihr stehen, und Dietel vernahm,
wie er ihr zurief: „Also doch! Trotz alle und alledem wieder auf der Landstraß'?"

Ihrer Antwort: „Den gefangenen Vogel duldet
es halt nicht im Käfig, Herr Lienhard," konnte der

Ebers. Im blauen Hecht. 3

Aufwärter wegen des weiten Raumes, der ihn von ihr trennte, und des lauten Geredes ringsum freilich nicht folgen, und noch weniger dem leisen Zusatz: „Doch mit dem Fliegen ist es vorbei seit dem Sturze zu Augsburg. Da liegt mein Fuß samt manchem anderen, was nimmer wiederkehrt, begraben. So geht es denn nur noch auf Rädern hinter dem drein, der mich mitnimmt." Dann verstummte sie und wagte es, ihm voll ins Antlitz zu schauen. Hell und glanzvoll strahlte ihr Blick ihm entgegen; gleich darauf aber ward er von Thränen verschleiert. Doch sie hielt sie kräftig zurück und weinte nicht. Wie tiefes Herzeleid sie erfüllte, war indes rührend genug an dem Ton ihrer Stimme erkennbar, mit dem sie fortfuhr: „Oft, Herr Lienhard, begehrte ich wohl, daß der Karren mein Sarg wär' und das Gasthaus der Friedhof."

Den Husten, der dieser Rede folgte, und die rasche Bewegung, mit der der Angeredete in den Beutel griff und Kuni drei Münzen zuwarf, nahm Dietel wieder wahr. Sie glänzten nicht mit dem stumpfen Weißglanze des Silbers, sondern mit dem gelben Schimmer des Goldes. Die Augen des Auf= wärters waren scharf, und über diese unerhörte Frei= gebigkeit machte er sich eigene Gedanken.

Auch die Reisegefährten des vornehmen Bürger=
meisters und Abgesandten des stolzen Nürnberg
hatten diesen Vorgang bemerkt.

Nachdem sie sich an der schön gedeckten Tafel
niedergelassen, neigte Wilibald Pirckheimer sich darum
dem Ohre des jungen Freundes und Amtsbruders
zu und sagte leise: „Eure holdselige, schwer er=
rungene Hausfrau daheim dürfte — ich weiß es —
selbst wegen aller Reize der schaumgeborenen Aphro=
dite ruhig schlafen; doch gebe ich Euch zu bemerken:
Wer sich so sicher wie Ihr vor sich selbst fühlt, der
pflegt nach der Meinung der lieben Nächsten wenig
zu fragen. Und dennoch! Wir stehen hoch, Freund
Lienhard, und werden darum von jedermann gesehen;
der alte Argos aber, der auf den Fehl des Nächsten
lauert, hat hundert scharfe Augen, während es drei
blinde gibt unter den Göttern: die Gerechtigkeit, das
Glück und die Liebe. — Am allerblindesten aber will
mich derjenige dünken, der nach der guten Absicht
des Nächsten ausschauen sollte. Und dann! Ihr
warft dem nichtswürdigen Gesindel dort Gold zu.
Das hätt' ich den Spielleuten da drüben lieber ge=
gönnt. Sind wie wir Humanisten ja auch den Musen
verwandt und ein harmlos fröhliches Völkchen!"

Lienhard Groland hatte den älteren Freund aus=

reden lassen. Dann versetzte er, nachdem er für die
wohlgemeinte Mahnung gedankt, indem er sich auch
an die anderen wandte: „Als es ihm noch besser
erging, war Seiltanz der Beruf des armen, hustenden
Geschöpfes. Jetzt schleppt es sich nach einem schweren
Sturz nur noch mit einem Fuße durchs Leben. Von
früher her ist sie mir nicht fremd; denn es glückte
mir weiland, schweres Ungemach von ihr zu wenden.“

„Und,“ fiel ihm Wilibald Pirckheimer ins Wort,
„wem wir Gutes thaten, dem erweisen wir es lieber
zum zweiten= und drittenmale, als einem, von dem wir
solches empfingen, zum ersten. Das ist meine eigenste
Erfahrung. Aber vor nichts soll der Weise sich
ängstlicher hüten, als beim Wohlthun das Maß zu
überschreiten. Wie leicht denkt Cajus, der den Cnejus
Gold verschenken sieht, wo Silber oder Kupfer am
Platze gewesen wäre, an das treffende Wort des
Martialis: ‚Wer da große Gaben verschenkt, wünscht
als Gegengabe sich Großes.‘*) Versteht mich nicht
falsch. Was hätte das arme Ding dort wohl noch
zu vergeben, was auch nur einem Knechte zu gefallen
vermöchte; doch auch in die Vergangenheit reichen
die Augen des Argwohns. Ich sah Euch oft den

*) Martial. Epigr. 5, 59, 3.

Beutel öffnen, Freund Lienhard, und es ist recht so.
‚Wer hat, der soll geben‘, und ‚vom Geben zu rechter
Zeit,‘ sagte meine Mutter selig, ‚ward noch keiner
zum Bettler.‘“

„Und was das Leben froh macht,“ unterbrach
ihn Konrad Peutinger, der gelehrte Augsburger Stadt=
schreiber, der seinen Paduaer Doktortitel dem eines
kaiserlichen Rates vorzog, „ist, was einer dem andern
gibt. Das trifft zu auf allen Gebieten. Laßt Euch
Eure Freigebigkeit nicht reuen, Freund Lienhard;
‚Nichts steht dem Menschen besser an als die Freude
am Geben,‘ sagt Terentius.*) Wer ist wohl frei=
gebiger als die Schickung, die den Apfelbaum, der
hundert Früchte tragen soll, mit zehntausend Blüten
schmückt, um uns das Auge zu erfreuen, bevor er
uns sättigt?“

„Wenn an einem, so bewährt sie an Euch ihre
offene Hand tagtäglich in der Wissenschaft wie im
Leben,“ fiel ihm Herr Wilibald zustimmend ins Wort.

„Wenn Ihr an Stelle des ‚Schicksals‘ ‚Gott den
Herrn‘ setzt,“ bemerkte der Abt von St. Aegidien in
Nürnberg, „so stimm‘ ich Euch bei.“

Dabei nickte der behäbige alte Herr dem Doktor

---

*) Terenz. Ad. 860.

Peutinger herzlich zu. Die warme Menschenliebe, mit der er sich der Seelsorge in seiner großen Gemeinde hingab, nahm den Löwenpart seiner Zeit und Kraft in Anspruch. Nur die freien Stunden widmete er den Alten, denen er hold war, und freute sich an der Arbeit der Humanisten, ohne ihre Gesinnung zu teilen. „Ja, mein werter Doktor," fuhr er mit dem Ton aufrichtiger Ueberzeugung in der tiefen Stimme fort, „wenn der Neid überhaupt verzeihlich wäre, so dürfte der am ehesten auf Vergebung hoffen, der sich ihn gegen Euch zu richten vermäße. Gibt es doch keine Gabe des Leibes und der Seele, mit der Euch der Herr nicht gesegnet hätte. — Und damit er das Maß voll mache, ließ er Euch ein schönes, tugend= sames Gemahl aus edlem Geschlechte gewinnen."

„Und ließ herrliche Töchter in Eurem berühmten Hause gedeihen," rief der kleine Doktor Eberbach, in= dem er das Weinglas begeistert aufschwang. „Wer hätte nicht von jener Juliane Peutingerin vernommen, — die jüngste aller Humanisten und jetzt schon gewiß nicht mehr eine der Geringsten, da sie bereits als Vier= jährige den Kaiser Maximilianus in trefflichem Latein begrüßte. Wo aber, wie bei dem Kinde Juliane, sich die Schwingen des Geistes so mächtig und frühzeitig regen, wer dächte da nicht an das Wort des herr-

lichen Ovidius: ‚Sichrer als Lanze und Pfeil er-
streitet der Menschengeist Siege.'" *)

Doch er hatte diesen Vers, den er wie schon
manchen andern auf latein in die deutsche Rede ge-
mischt, noch nicht beendet, als er die lebhaften Winke
Lienhard Grolands wahrnahm, die ihn zum Inne-
halten mahnten. — Diesem war nur zu wohl bekannt,
was Eberbach in Wien nicht zu Ohren gekommen.
Das wunderbare Kind, dessen frühe Gelehrsamkeit er
eben als hohes Glücksgut des Vaters gepriesen hatte,
weilte nicht mehr unter den Lebenden. Bevor es das
jungfräuliche Alter erreicht, hatte es die hellen Augen
geschlossen. In peinlicher Verlegenheit bemühte sich
Doktor Eberbach, seine Unvorsichtigkeit zu entschul-
digen; der Augsburger Stadtschreiber aber bat den
jungen Studiengenossen mit einer gütigen Bewegung,
sich zu beruhigen. „Es ward uns allen nur recht
deutlich vor Augen geführt," bemerkte er, leise aufseufzend, „wie es mit dem Glücke beschaffen. Für
sich allein hält es nicht stand. Eines zweiten be-
darf es schon, um das erste Glück zu erhalten. Was
das meine angeht, das ja groß und schön genug
war ... Doch lassen wir die Verstorbenen ruhen.

*) Ovid, „Metamorphosen". 3, 54.

Was, mein Herr Doktor, kam Euch wohl noch von
den ersten Büchern der Annalen des Tacitus, die
im Kloster Corvey entdeckt worden sein sollen, zu
Ohren? Wenn das sich bewahrheiten möchte . . ."

Da fiel ihm Eberbach, froh, eine Gelegenheit zu
finden, dem verehrten Manne, den er unwissentlich
betrübt, etwas Angenehmes zu erweisen, lebhaft in die
Rede. Mit fliegenden Fingern griff er in die Brust=
öffnung des schwarzen Wamses und zog einige Blätt=
lein hervor, auf denen es ihm gelungen war, den
Anfang der köstlichen neuen Handschrift zu kopiren,
und hielt sie Peutinger entgegen. Von feurigem Eifer
ergriffen, vertiefte sich dieser in die schwer lesbaren
Züge des jungen Studiengenossen. Auch Wilibald
Pirckheimer und Lienhard Groland vergaßen oft des
frischen Salmes und der jungen Rebhühner, die hinter
einander aufgetragen wurden, um teil an dieser
glänzenden Neuigkeit zu haben. Der Abt von St.
Aegidien zeigte sich gleichfalls erfreut über den
glücklichen Fund und ward erst stiller, als das Ge=
spräch auf die Streitschrift kam, die Reuchlin soeben
hatte ausgehen lassen. Unter dem Titel „Der
Augenspiegel" war sie neulich in Frankfurt erschienen
und richtete sich mit vernichtender Schärfe gegen
diejenigen, die es ihm verargten, daß er sich gegen

den Vorschlag erklärt, die Bücher der Israeliten zu vernichten.

„Was in aller Welt gehen die Judenschriften uns an," unterbrach hier die tiefe Baßstimme des Schultheißen Hans von Obernitz das Gespräch. „Eine neue lateinische Handschrift, — das laß ich gelten! Hat aber dies edle Stück Tacitus' auch nur halb so hohen Staub aufgewirbelt wie dies fatale Gezänk?"

„Es handelt sich um mehr," versicherte Lienhard Groland entschieden. „Die Judenschriften dienen den Kölner Inquisitoren nur zum Vorwand, dem großen Reuchlin an den Kragen zu kommen. Er, der feinste Kenner der edlen griechischen Sprache, der für uns Deutsche auch die ehrwürdige Zunge zu reden zwang, in der der alte Bund zu uns spricht . . ."

„Das Judenhebräisch!" rief der Schultheiß unwillig. „Was sollen wir damit? Wie vermag sich ein kluger Mann um seinetwillen in solche Ungelegenheiten zu stürzen?"

„Weil ihn das Uebermaß an Freiheit verblendet, das ihr Herren dem Menschengeiste gestattet," unterbrach ihn der Abt. „Thür und Thor würde seine Kenntnis der Ketzerei öffnen. Das Bibelwort steht fest. Auf ihm fußen die Tungern und Kollin. Wird

es im hebräischen Urtext jedem Deutungslustigen über=
antwortet . . ."

„So hat man der Wahrheit eine neue Brücke ge=
schlagen," versicherte der kleine Thüringer mit blitzen=
den Augen.

„Die Kölner Theologen," versetzte der Abt, „sind
anderer Meinung."

„Weil es dem Ketzermeister und seinen Trabanten
Tungern und Kollin, und wie sie sonst heißen, um
ganz anderes zu thun ist als um die edelste Tochter
des Himmels," versicherte Lienhard Groland, und die
anderen Herren stimmten ihm bei. „Ihr, würdiger
Herr Abt, bekanntet mir auf dem Ritte hieher selbst,
es ärgere auch Euch, daß die Kölner Dominikaner
den herrlichen Gelehrten ‚mit so grimmigem Haß
und bitteren Stacheln verfolgen.'" *)

„Weil blutiger Haß im Streit unter Christen mir
weh thut," entgegnete der Abt.

Hier aber fiel ihm Doktor Eberbach ungestüm
ins Wort: „Um eines schönen Weibes willen erlitt
Ilion unsägliche Qualen. — Uns aber, — ein einziger
Gesang des Homerus ist uns mehr wert als all diese
hebräischen Schriften. Und dennoch! Ein trojanischer

---

*) Vergil, Aeneis. XI. 837.

Krieg des Geistes ist um ihretwegen entbrannt. Hier
die Freiheit der Forschung, dort bei den Hochstraten
und Tungern Knebelung des Geistes. Bei uns das
heiße Verlangen, das neue Licht hochzuhalten, das
der Humanismus entzündet, dort die Uebermacht, die
es auszulöschen bestrebt ist. Hier das Walten des
denkenden Geistes, auf dessen Wage Grund und
Gegengrund den Ausschlag geben, bei den Kölnern
der Büttel des Ketzermeisters, Ketten, Kerker und
Scheiterhaufen."

„So weit werden sie's nicht treiben," versicherte
der Abt in versöhnlichem Tone. „Den Anklagen der
Dominikaner stehen zu Rom zwar die Vorder= und
Hintertreppen offen..."

„Wo aber hätte der Humanismus eifrigere
Freunde als gerade dort unter den Häuptern der
Kirche?" frug Doktor Peutinger. „Von der Tiber
aus, hoff' ich..."

Hier aber stockte er; denn der neue Gast, der
das Zimmer eben betrat, nahm auch seine Auf=
merksamkeit in Anspruch. Der Hechtwirt schritt ihm
ehrerbietig voran und führte ihn gerade auf die
Nürnberger zu, während er die Predigermönche, die
ihn begleiteten, einstweilen zurückzubleiben ersuchte.

Der späte Reisende war der Professor Arnold

von Tungern, Dekan der theologischen Fakultät an
der Kölner Universität. Man hatte dieses Herrn an
der Tafel, der er sich jetzt näherte, vorhin mit dem
größten Widerwillen gedacht, und seine gespreizte
Weise trug wenig bei, ihn zu mildern.

Dennoch nötigte seine Stellung die Nürnberger
Herren, ihn zur Teilnahme an ihrem Mahle, das
schon dem Ende entgegen ging, zu ersuchen. Mit
einer gönnerhaften Bewegung und als verstehe sie
sich von selbst, nahm der Kölner Theolog die Ein-
ladung an. — Wie wenig seine Gastfreunde als Ge-
sinnungsgenossen Reuchlins und der anderen Neuerer
sich auch seiner Gegenwart freuen mochten, wie wohl
er sich auch ihrer höhnischen Angriffe auf sein unseines
Latein erinnerte, — er war der Mann, seinen Platz
zu behaupten.

Mit breitspurigem Selbstbewußtsein begann er
darum, ohne einem andern das Wort zu gönnen,
über die Beschwerden der Reise zu klagen und mit
ermüdender Ausführlichkeit der großen Herren zu
gedenken, denen er begegnet war und die ihn als
hochgeschätzten Freund aufgenommen hatten.

Dem kleinen Doktor schwoll die Ader auf der
hohen Stirn bei diesem prahlerischen Geschwätz, das
erst verstummte, als die erste Schüssel für Tungern

aufgetragen wurde. Ihm zum Trotz führte Eberbach
nun das Gespräch auf den Humanismus, auf seine
die Geister erlösende Kraft und auf seine verächtlichen
Feinde. Wie eine Schar lästiger Mücken umsummten
seine höhnischen Späße den Gegner; Arnold von
Tungern aber gab sich das Ansehen, sie zu überhören.
Nur dann und wann verriet ein Zucken des langsam
kauenden Mundes oder ein Aufschnellen der Augen-
brauen, daß ein Pfeil oder der andere sein Ziel
nicht völlig verfehlt.

Bisweilen hatten die älteren Herren den Thüringer unterbrochen, um dem Gespräche eine andere
Wendung zu geben; doch immer vergeblich, und auch
sie waren von seiten des Kölner Gastes nur kurzer,
trockener Antworten gewürdigt worden.

Erst als zwischen zwei Gerichten eine Pause ein-
trat, änderte Tungern sein Verhalten. Wie ein In-
quisitor, dem es gelang, den Angeklagten zu über-
führen, lehnte er sich mit einem satten, langgedehnten
„So—o" in den Stuhl zurück, wischte sich das nasse
Kinn und begann: „So hättet Ihr mir denn deutlich
genug zu Gemüte geführt, wie Ihr gesinnt seid, mein
junger Herr Doktor. ‚Eberbach‘ ist Euer Name, wenn
ich nicht irre. Wir werden seiner gelegentlich gedenken.
Ihr aber, meine werten Freunde," und damit wandte

er sich an die Abgesandten, „die ihr an der Spitze von Gemeinwesen steht, deren Größe auf ihrer alten wohlgefestigten Ordnung beruht, hütet euch, dem verlockenden Sirenengesang und wüsten Geschrei der Neuerer und Aufrührer das Ohr und die Thore zu öffnen.“

„Dank für den Rat,“ versetzte Wilibald Pirckheimer mit abweisender Kälte; Arnold von Tungern aber gab sich das Ansehen, die Antwort des Humanisten für zustimmend zu halten und fuhr mit einem beifälligen Kopfnicken fort: „Wie könntet gerade Ihr auch anders, als mit uns und mit dem Heiden Ovidius aus vollem Herzen zu rufen: ,Wir loben uns die Alten!‘*) Und dies will doch nur sagen: was die Zeit bewährte und ehrwürdig machte, das ist das Beste.“

Hier wollte Doktor Peutinger ihn unterbrechen, er aber schnitt ihm mit einer selbstbewußten Handbewegung das Wort ab und begann in lehrhaftem Tone von neuem: „Der ehrbare Nürnberger Rat statuirte ja auch — so ward ich berichtet — schon vor etlichen Jahren ein löbliches Exempel. Da war ein Ephebe aus euren Geschlechtern — ein Ebner,

---

*) Ovid. Fast. 1, 225.

mein' ich, ein Stromer oder Tucher. — Zu Padua
hatte er sich in Irrlehren verfangen, die leider auch
manchem, von dem man bessere Einsicht erwarten
sollte, hochstehen. So kam es denn, daß er, wieder
heimgekehrt zu den Seinen, gegen den ausgesprochenen
Wunsch der ansehnlichen Eltern ein ordentlich Verlöbnis mit einer ehrbaren Jungfrau aus wappen-
fähigem Hause zu schließen sich erkühnte. Vor das
Gericht ward der meuterische Jüngling deswegen gerufen und ob solchen Frevels und Faustschlags in
das Antlitz der Sitte und des Gesetzes aus der Stadt
verbannt und ziemlich zur Strafe gezogen mit einer
Pön ..."

„Die ich gelassen zu tragen wußte, mein Herr
Professor," unterbrach ihn hier Lienhard Groland,
der junge Abgesandte seiner Vaterstadt Nürnberg;
„denn jener ‚meuterische Jüngling‘ war ich in selbst-
eigener Person. Uebrigens sind es mit nichten die
Lehren des Humanismus gewesen, die mich zu einem
Thun veranlaßten, das Ihr, hochgelehrter Herr,
doch wohl mit strengeren Augen anschaut, als die
christliche Liebe, auf die Euer geistlich Gewand mich
hoffen ließ, es zulassen möchte."

Mit dem ihm eigenen liebenswürdigen Ernste
waren dem jungen Manne, der zu einer Zeit, in

der er wahrlich keines anderen Weibes neben der
Neuvermählten begehrte, auch in der schwer gefähr=
deten armen Seiltänzerin einen des Beistandes wür=
digen Menschen gesehen, diese Worte von den Lippen
geklungen. Nur seine feurigen, dunklen Augen hatten
scharf genug in die des Professors geblickt.

Vergebens suchte dieser noch nach einer schicklichen
Entgegnung, als sich die Doppelthür des Gast=
zimmers weit aufthat und eine verspätete Reise=
gesellschaft es betrat. Sie kam zu gelegener Zeit;
denn durch sie ward ihm ein günstiger Anlaß ge=
boten, sich in unauffälliger Weise der Antwort zu
entziehen; stand doch an der Spitze der neuen Gäste
des Blauen Hechtes sein kölnischer Kollege Konrad
Kollin, dem, wie ihm vorhin, eine Anzahl von
Dominikanermönchen folgte.

Es war selbstverständlich, daß Tungern ihn
begrüßte. Auch machten die ihm in jeder Hinsicht
überlegenen Tischgenossen es ihm leicht, sich von ihnen
in aller Stille zu trennen; denn während Kollin von
den Predigermönchen und vielen anderen Reisenden
ehrerbietig umdrängt und begrüßt wurde, verließen
die Humanisten das Haus.

Der Aufwärter Dietel verlor die Abgesandten nicht aus dem Auge. Nach kurzem Geflüster waren sie aufgestanden und ins Freie getreten. An der Thür hatte der Abt von St. Aegidien sich von ihnen abgesondert, um den Professor Kollin willkommen zu heißen. Mit der ihm eigenen behaglichen Güte teilte er ihm mit, den anderen Herren sei es zu heiß hier drinnen geworden. Sie entböten den hochgelehrten Kölnern ihren Gruß und stellten den neu Angelangten ihre Tafel zur Verfügung.

Dieser Rede hatte das feine Ohr Dietels noch folgen können; dann aber war er wieder in Bewegung gesetzt worden; denn es hatte gegolten, für die Nürnberger Herren und ihre Gäste einen Tisch vor dem Hause zu rüsten und die Weinkrüge für sie zu füllen.

Dann war er in das Gastzimmer zurückgerufen worden. Während der Hechtwirt dort dem Professor

Ebert, Im blauen Hecht.   4

Kollin an der Tafel der Nürnberger ein neues Mahl auftrug und Arnold von Tungern die volle Schale seines Zornes über den kleinen Doktor und den gesamten Humanismus ausgoß, unterhielten die Nürnberger Reisenden und ihre Gäste sich nunmehr ungestört und wie von einem Alpdrucke erlöst in freierem Gespräch über die ihnen am Herzen liegenden Dinge.

Dietel hätte die Kölner Theologen, die er als die berufenen Hüter des rechten Glaubens verehrte, um vieles lieber bedient als die unansehnlichen Leute an den Tischen, die soeben am Ende des gemeinsamen Mahles angelangt waren.

Wie ungebachert sie sich betrugen! Vor dem Nachtische war ihnen besserer Wein eingeschenkt worden. Jetzt schrieen und sangen sie so roh und falsch, daß man kaum unterscheiden konnte, was die fahrenden Musikanten, die ihnen aufspielen mußten, zum besten gaben. Mancher Tisch erdröhnte auch unter dem Faustschlag eines erhitzten Zechers. Nur der eine Wunsch, zu trinken und wieder zu trinken, schien jedermann zu beseelen.

Jetzt wurde auch das letzte Brot und das Tischtuch von den Tafeln genommen. Die Zecher bedurften Dietels nicht mehr. — Das Füllen der Krüge konnte er den jungen Gehilfen überlassen.

Was die Abgesandten draußen wohl trieben?
Die hatten es gut. Hier drinnen war es zum Er=
sticken bei dem Dunst, der von den vielen Menschen,
dem Wein und den Speisen ausging. Alle Fliegen
weit und breit schien er anzuziehen. Wo sie nur
herkamen? Seit heute früh, als das Gastzimmer
noch leer war, schienen sie sich vertausendfacht zu
haben. Draußen war ihm das Atmen wonnesam
erschienen. Es verlangte ihn, die Lunge noch einmal
mit der reinen Gottesluft zu sättigen und dabei ein
Wort von dem Gespräche der Reichstagsboten zu
erlauschen.

Neugierig hinkte Dietel darum an das offene
Fenster, bei dem die Landstreicher rasteten.

Der Flucher Cyriax lag am Boden und schlief
mit der Branntweinflasche im Arme. Zwei seiner
Gefährten schnarchten neben ihm mit weit geöffnetem
Munde. Der um das Wehrgeld bettelnde Raban
zählte die eingegangenen Heller. Die rote Gitta
heftete beim trüben Schein eines Lämpchens, das
aus einem Tassenkopfe bestand, in den sie Fett und
als Docht ein Stücklein Zeug gethan hatte, einen
neuen Tuchsetzen auf die ohnehin flickenreiche Jacke
ihres rohen Gefährten. Das Einfädeln bereitete ihr
Not. Ohne das gelbliche Licht der Kienspäne, die

mit Eisenklammern an der Wand befestigt waren
und schon seit einer Stunde brannten, wäre es ihr
auch schwerlich gelungen.

„Platz da," fuhr der Aufwärter die Landstreicher
an und gab dem schlafenden Jungel einen Stoß
mit dem Klumpfuß. Dieser griff nach der Krücke
wie weiland nach dem Schwert, das er als Landsknecht geführt, bevor er das Bein vor Padua gelassen. Dann warf er sich im Halbschlaf mit einem
spanischen Fluche, an den er sich in den Niederlanden
gewöhnt, auf die Seite. So fand Dietel Platz und
schaute, nachdem er die Seiltänzerin Kuni vergeblich
unter den anderen gesucht, in die sternenreiche Nacht
hinaus.

Da saßen vor dem Hause neben den hohen
Oleanderbüschen, die statt in Kübeln in halbirten
Weinfässern grünten, die gelehrten und vornehmen
Herren um den Tisch her und streckten die Köpfe
vor, um beim Scheine der Windlichter die Blätter
zu betrachten, die Doktor Eberbach eins nach dem
andern aus den unerschöpflichen Brustfalten seines
schwarzen Gewandes hervorzog.

Der Schulmeisterssohn Dietel, der einmal auf
der Bank der Schützen und Lateinschüler gesessen,
spitzte das Ohr; denn es gab da fremde Worte, die

ihn wie Erinnerungsklänge aus der Kindheit an=
muteten, zu hören. Er verstand sie nicht, und doch
that es ihm gut, auf sie zu lauschen; denn er mußte
dabei des Herrn Vaters gedenken, der nun auch
nimmer war. Wohl gemeint hatte der Verstorbene
es immer; ein mürrischer, tief verbitterter Mann
war er aber dennoch gewesen. Wie unbarmherzig
hatte er mit der Haselgerte auf ihn und die anderen
Buben eingehauen. Und er wäre noch härter und
strenger gewesen ohne den Zuspruch der Mutter.

Da er ihrer gedachte, umspielte ihm ein freund=
liches Lächeln den Mund. Wie hatte die in ihrer
heiteren, stets zufriedenen Güte zu trösten und den
Mut aufrecht zu erhalten verstanden. Ohne je zu
lästern oder zu schelten, hatte sie höchstens die feuchten
Augen mit der Schürze getrocknet, wenn die Acker=
bürger seiner kleinen Vaterstadt in Hessen dem Schul=
meister als schuldige Gebühr gar zu schlechtes Korn
für das Brot, gar zu saures Heu für die drei
Ziegen und halbtote Hühner für den Feiertag ins
Haus geschickt hatten.

Andächtig betastete er den vollen Leib, der sich
ihm dank den Fleischtöpfen im Blauen Hecht während
einer vollen Mandel Jahre so stattlich gerundet.

„Es nährt besser," sagte er sich, „für den äußern

Menschen, denn für den Geist der Leute zu sorgen.“
Die Nürnberger und Augsburger da draußen sind
reicher Leute Kind. Für sie ist die Gelehrsamkeit
nur die Rosine, die Mandel, das Zitronat im Kuchen.
Ihnen schlägt das Wissen besser an als weiland dem
Vater. Der war eines achtbaren Strumpfwirkers
neuntes Kind gewesen. Weil aber der Herr Pfarrer
besondere Gaben an ihm wahrgenommen, hatten
seine Eltern einen Teil des Ersparten zusammen=
gesucht, um ihn zum Gelehrten zu machen. Einem
Beanus, das heißt einem älteren Knaben, der schon
des Lateins kundig zu sein vorgab, war das Lehr=
geld samt dem Buben anvertraut worden, damit er
seiner warte und dem unerfahrenen Wichtlein zur
Seite stehe im Leben wie auf der Schule. Aber
statt sie für den Schutzbefohlenen zu verwenden,
hatte der Beanus die ihm anvertrauten Gulden, die
für ein liebes Kind schwer zusammengedarbt worden
waren, schmählich verpraßt. Während er sich mit
Braten und Wein vollschlug, war das ihm anver=
traute Büblein hungrig geblieben. So oft der Alte
später von seiner schweren Lehrzeit erzählte, war der
Sohn ihm mit geballten Fäusten gefolgt, und wenn
Tietel jetzt noch im Blauen Hecht einen Beanus sah,
der dem Pfleglinge die guten Bissen fortfraß, trat

er darum für den kleinen Beraubten derb genug ein.
Ja er brachte ihm wohl auch auf eigene Hand ein
Stück Braten oder ein Würstlein aus der Küche.

Viele von den Namen, die den Herren da draußen
von den feuchten Lippen klangen: Lucian und Ver=
gilius, Ovidius und Seneca, Homerus und Plato,
waren ihm wohl bekannt. Was der kleine Doktor da
vorlas, mußte zu ihren Schriften gehören. Wie auf=
merksam die anderen ihm lauschten! Wäre Dietel
nicht so früh der Klosterschule zu Fulda entlaufen,
hätte auch er sich des Witzes dieser Weisen zu freuen
vermocht oder gar mit den großen Kölner Kirchen=
lichtern bei Tafel sitzen dürfen.

Jetzt war es nichts mehr mit dem Lernen.

Und doch?

Allzu schwer konnte es nicht sein; denn soeben
las Doktor Eberbach etwas vor, worüber der junge
Nürnberger Abgesandte Lienhard Groland hell auf=
lachen mußte. Auch die anderen draußen schien es
weidlich zu ergötzen. Den feinen Doktor Peutinger
veranlaßte es sogar, mit dem Ruf: „Ein Teufels=
kerl!" auf den Tisch zu schlagen und Wilibald Pirck=
heimer lebhaft beizustimmen, als er Huttens heiße
Liebe für das deutsche Vaterland pries und seinen
Mut, für seine Aufrichtung zu streiten. Der Hutten

aber, dem ein so hohes Lob galt, war kein anderer
als der übel geratene Rittersohn vom Schlosse Steckel-
berg in seiner hessischen Heimat, den er gut genug
kannte. Was er wert war, ging schon daraus hervor,
daß der Hechtwirt ihn einmal hatte zurückhalten
müssen, weil er die keineswegs überhohe Zeche nur
mit lustigen Flunkereien zu zahlen gedachte.

Auf den Aufwärter hätte übrigens auch jetzt der
beste Spaß des witzigen Ritters die Wirkung verfehlt;
denn die Herren waren wieder auf die Reuchlin-
sche Streitsache gekommen, und dabei fielen so häß-
liche Worte gegen die Kölner Gottesgelehrten, die
Dietel doch als fromme, reichlicher Zehrung bedürf-
tige Herren kannte, daß es ihn heiß und kalt überlief. Er war ein guter Mensch, der keiner Fliege
weh that. Nur wenn er Dinge und Meinungen an-
fechten hörte, die ihn die Mutter heilig zu halten
gelehrt, konnte er bös werden wie ein reißendes
Tier. Aber ein rechtschaffener Aerger bietet auch
einen gewissen Genuß, und es war ihm darum nichts
weniger als genehm, als er eben jetzt abgerufen
wurde.

Der Federkräusler und seine Tischnachbarn ver-
langten nach Kitzinger Wein; der aber ruhte im
Keller, und ein Gang dorthin hätte ihn auf längere

Zeit von seinem Lauscherposten getrennt. Unwirsch
wandte er sich darum in das Gastzimmer zurück und
rief den Geschäftsleuten zu, Fürsten, Bischöfe und
Grafen ließen sich's an dem besseren Tischwein des
Blauen Hechtes genügen, der ihnen schon eingeschenkt
werde, und Scepter und Krummstab wären von
anderem Gewicht als ihre windigen Federn. „Das
sind die Klügsten nicht," schloß er weise, „die dem
Bessern zu Gefallen das Gute verachten. So bleibt es
denn bei dem fürtrefflichen Hechtwein und damit holla!"

Ohne die Antwort der erstaunten Gäste abzuwarten, hinkte er nach seinem Fenster zurück, um
weiter zu lauschen.

Das Gespräch hatte indes schon eine neue
Wendung genommen; denn Doktor Peutinger berichtete von den römischen Inschriftsteinen, die er
im Hofraume seines Augsburger Hauses aufgestellt
hatte; diese Dinge aber waren Dietel fremd, und er
schaute darum bald auf die Landstraße, die immer
noch einen verspäteten Gast in den Blauen Hecht
führen konnte.

Zwischen ihm und dem Mainflusse lag das Würzgärtlein der Frau Wirtin, und da — nein, das war
keine Täuschung — da, hinter der niedrigen Weiß-
dornhecke regte sich eine menschliche Gestalt.

4*

Sicherlich hatte sich einer der Landstreicher in
das Gärtlein geschlichen, um Obst oder Gemüse oder
gar Honig aus den Stöcken zu stehlen. Eine un=
erhörte Missethat! Dem Dietel wallte das Blut auf;
denn das Gut des Blauen Hechtes lag ihm wie das
eigene am Herzen.

Kurz entschlossen begab er sich durch den Haus=
flur auf den Hof. Dort wollte er den Fleischer=
hund, der bei Nacht niederriß, auf wen man ihn
hetzte, von der Kette lösen, damit er ihm bei der
Verfolgung der ruchlosen Einbrecher helfe. Doch
es sollte noch eine gute Weile vergehen, eh' er sich
diesem löblichen Vorhaben widmen konnte; denn der
Hechtwirt ließ ihn, bevor er noch die Schwelle über=
trat, übel an und gebot ihm, seines Amtes mit
größerer Höflichkeit zu walten. Dabei hatte er sich
weniger an den Gescholtenen als an die Federkränsler
und ihre Freunde gewandt.

Diese hatten ihn bei dem Hechtwirte verklagt,
und nachdem er einen Verweis erhalten, straften sie
ihn für seine Barschheit, indem sie ihn einen Krug
nach dem andern aus dem Keller holen ließen. Als
er unter mancher Verwünschung den fünften Gang
gethan hatte und seine Peiniger endlich von ihm ab=
ließen, war die beste Zeit verloren gegangen. Dennoch

setzte er die Verfolgung fort. Mit dem Fleischer=
hunde drang er in das Würzgärtlein; der Dieb war
aber schon über alle Berge.

Nachdem er sich des zur Genüge versichert, blieb
er stehen und rieb sich die schmale Stirn mit den
Fingerspitzen.

Am ehesten konnte der Einbrecher zu den Land=
streichern gehören, und wie eine Erleuchtung kam es
ihm in den Sinn, daß die Seiltänzer=Kuni, die in
ihrer guten Zeit, statt dem Fleisch und Gemüse tüchtig
zuzusprechen, sich genäschig mit Früchten und süßen
Leckereien gesättigt, die Missethäterin sei. Sie war
ja auch, als er vorhin unter den Gästen Umschau ge=
halten, nicht mehr bei dem übrigen Gesindel gewesen.

Sicher, die rechte Fährte gefunden zu haben,
trat er sofort an das Fenster, hinter dem die Vaga=
bunden lagerten, steckte von außen her den Kopf in
den Saal und weckte die Gefährtin des zungenlosen
Fluchers. Sie war mit der Näharbeit in der Hand
am Boden kauernd entschlafen. Der Schreck, mit
dem sie bei seinem Rufe auffuhr, legte kein günstiges
Zeugnis ab für ihr gutes Gewissen. Sie hatte
indes die kecke Sicherheit schon zurückgewonnen, als
er gebieterisch zu wissen begehrte, wo die lahme Kuni
verblieben.

„Frag die anderen Gäste: die Landsknecht', die Spiellent', meinetwegen auch die Mönche," lautete die spöttisch aufbegehrende Antwort.

Als aber Dietel sich solch dreisten Spott zornig verbat, rief sie höhnisch: „Denkst wegen des fußlosen Beines und des bißchen Hustens wäre sie dem Mannsvolk zu schlecht? Könntest es besser wissen! Hängt dem Meister Dietel doch an jedem Finger ein Liebchen, obwohl es auch bei ihm am Unter= gestell nicht tadellos bestellt ist."

„Von wegen des Fußes?" fiel ihr der Auf= wärter giftig ins Wort. „Wirst bald erfahren, wie er sich auf das Nachsetzen versteht, und dazu sind mir die Nürnberger Stadtknechte beim Suchen be= hilflich. Gebt ihr mir nicht ungesäumt zu wissen, wohin die Dirne verschwand, — dann beim heiligen Eoban, der mein Patron ist . . ."

Hier unterbrach ihn die rote Gitta in völlig verändertem Ton; denn sie und ihr Gefährte hatten nichts Gutes von den Stadtknechten zu befahren.

Kleinlaut versicherte sie, die Kuni sei ein sonderbar barmherziges Ding. Draußen an der Wiese neben der Straße läge die Witib des Bregers*) Nickel,

---

*) Bettler in der Gaunersprache.

der die Bauern den Mann aufgeknüpft hätten, in
einem Karren. Wegen mancherlei Färberei*) wäre
es ihm an den Hals gegangen. Eine Gans und
etliche Hühnlein hätten sich zu ihm verlaufen. Das
Weib wäre eben eines Zwillingspaares genesen, als
sie den Nickel aufgeknüpft hätten, und läge jetzt in
heißem Fieber unter mancherlei Gichtern darnieder
und müsse doch die Säuglinge nähren. Die Hecht=
wirtin hätte ihr eine Brühe aus der Küche geschickt,
und ein wenig Milch für die Würmer. Was Kuni
angehe, so sei sie gegangen, um ihnen, die nackt wie
Fröschlein dalägen, etwas Leinwand von der eigenen
Bettelhabe zu bringen. Bei der fieberkranken Mutter
würde er sie finden.

Das alles floß Gitta mit solcher Sicherheit von
den Lippen, daß Dietel, dem dergleichen Gutthat das
Herz leicht bewegte, ihr zwar keineswegs völlig
glaubte, doch sich bestimmen ließ, einstweilen die
Stadtknechte aus dem Spiele zu lassen und ihre selt=
same Aussage zu prüfen.

So schickte er sich denn an, den Karren der
Wöchnerin aufzusuchen; der Hechtwirt aber war vor
die Thür getreten, und indem er ihn unwirsch frug,

---

*) Gaunerei.

was heute über ihn gekommen, befahl er ihm, den
Erbacher zu holen, deffen man drinnen nunmehr
begehre. Da stieg Dietel wiederum in den Keller.
Diesmal follte er ihn jedoch so bald nicht wieder ver-
laffen; denn der Lehrburfch eines Nürnberger Schuh-
machermeifters, deffen Herr mit feiner Ware zur
Meffe nach Frankfurt fuhr und mit den Feder-
kräuslern gemeinfame Sache machte, fchlich Dietel
nach und fchloß ihn aus freiem Antrieb und zum
eigenen Ergötzen in den Keller ein. Der gute
Kitzinger hatte ihm den Mut geftärkt. Die Erfahrung lehrte ihn auch, daß ihm eine Unthat um
so leichter vergeben wurde, je lieber fie der Meifter
demjenigen, gegen den fie fich richtete, felbft angethan
hätte.

Die Seiltänzer-Kuni war wirklich bei der Wöchnerin und ihren Säuglingen gewesen und
hatte sich mit allem Fleiße um sie gemüht.

Die unglückliche Kranke war in großer Be-
drängnis.

Der Mann, der sie auf seinem Karren in ihr
Heimatdorf bei Schweinfurt zu führen verheißen,
fristete sich und den Seinen selbst nur kümmerlich
das Leben durch seine abgerichteten Pudel.

In Wirtshäusern, unter Dorflinden und auf
Jahrmärkten ließ er sie ihre Wissenschaft zum besten
geben. Doch die Kinder, die den vierfüßigen Gelehrten zuschauten, ließen es zwar nie an fröhlichem
Beifall, um so häufiger aber an Zahlung fehlen.
Gern wäre er der unglücklichen Wöchnerin gefällig
gewesen, doch die elende Mutter samt ihren Zwillingen
mit durchzubringen, legte dem gutherzigen Vagabunden

eine allzu große Last auf, und er hatte darum die
Hand von ihr abgezogen.

So war die Seiltänzerin ihr begegnet. Zwar
drohte ihr selbst, an der Straße liegen gelassen zu
werden; aber sie war allein, und an der Wöchnerin
hingen die Kinder. Das waren zwei keimende Hoff=
nungen; für sie aber gab es nichts mehr zu erwarten
als das Ende, je eher desto lieber. Ein neues Glück
konnte es nicht mehr für sie geben.

Und doch! Schon jemand gefunden zu haben,
dem es noch elender erging als ihr, hob sie vor sich
selbst, und ihm etwas sein und bieten zu können, er=
freute sie, ja erweckte in ihr eine ähnliche Empfindung
wie in besseren Tagen ein Glück, das andere ihr
neideten. War es ihr selbst auch vielleicht schon
morgen bestimmt, ohne Zuspruch an der Landstraße
zu enden, — die Unglückliche dort konnte sie davor
bewahren und ihr das Sterben erleichtern. O, und
die Goldstücke Lienhards, wie reich die sie machten!
Wären es aber auch statt drei ebenso viele volle
Dutzende gewesen, die größere Hälfte hätte sie den
Zwillingen dennoch in die Kissen gesteckt. Wie das
das Mutterherz beruhigen mußte! Jedes war für
die Kleinen ein Freibrief gegen Hunger und Not.
Schon längst brannte ihr das Gold ohnehin in der

Hand. Es kam ja von Lienhard. Wäre es wegen
des Cyriax und der vielen Leute im Gastzimmer nur
angegangen, sie hätte ihn — sie allein wußte warum —
es zurückzunehmen genötigt.

Wie das nur kam?

Weswegen hatte sich alles, was in ihr war, ge-
sträubt, auch nur das Kleinste von demjenigen anzunehmen, dem sie doch am liebsten die ganze Welt
geschenkt haben würde? Warum war sie, nachdem
sie Mut gefaßt und sich Lienhard genähert hatte,
um ihm sein Geschenk zurück zu erstatten, von so
bitterem Groll und schneidendem Weh ergriffen worden, als der Hechtwirt sie daran gehindert?

Während sie jetzt nach dem Golde griff, war es
ihr, als sehe sie Lienhard vor sich.

Wie sie mit ihm, dem vornehmen Nürnberger
aus dem alten, edlen Grolandschen Hause, den seine
Vaterstadt jetzt so jung zum Abgesandten gemacht,
zusammengekommen war, hatte sie schon dem Cyriax
erzählt. Was sie innerlich mit ihm verband, war ihr
nie über die Lippen gekommen.

Einmal im Leben hatte sie etwas empfunden,
das sie den reinsten und besten ihres Geschlechts
gleichstellte: eine große Minne für einen, von dem
sie nichts begehrte, gar nichts, als seiner gedenken

zu dürfen und ging es an, alles, alles für ihn hin=
zugeben, — auch das Leben. So seltsam war es
mit dieser Liebe gegangen, daß ihre Leute an ihrem
Verstand oder ihrer Wahrhaftigkeit irre geworden
wären, hätte sie es ihnen berichtet.

Vor der St. Sebalduskirche in Nürnberg hatte ihr
anfänglich die Erscheinung der holdseligen Neu=
vermählten des jungen Ratsherrn mit noch stärkerer
Gewalt in die Seele gegriffen als die seine. Dann
aber war ihr Blick auch an Lienhard haften geblieben.
Wie er die schönste, so hatte die Braut sich den größten
und schmuckften und gewiß auch den besten und
klügsten von allen erlesen. In der Haft war ihr
das Bild dieses seltenen Paares fortwährend gegen=
wärtig geblieben. Erst nachdem sie durch die Für=
bitte des jungen Eheherrn die Freiheit zurückerlangt,
nachdem er ihr verwehrt, ihm die Hand zu küssen,
und er ihr, um sie zu beruhigen, in der Losunger=
stube über Haar und Wange gestrichen, hatte sich
die heißeste Dankbarkeit gegen ihn ihrer Seele be=
mächtigt. Dieser Empfindung, die ihr Herz und
Sinn erfüllte, waren wie Blumen am Rosenstrauche
andere Blüten in glühender Fülle entsproßt. Was
in ihr war, hatte sie zu ihm hingezogen, und der
Wunsch, sich ihm mit Leib und Seele zu ergeben,

das Blut ihres Herzens bis auf den letzten Tropfen
für ihn zu vergießen, sie ganz und gar beherrscht.
Sein Bild stand ihr seitdem Tag und Nacht vor
Augen, bald allein, bald mit seiner schönen Gefährtin.
Nicht nur ihm, auch ihr hätte sie mit Freuden die
Dienste der niedersten Magd geleistet, nur um ihnen
nahe zu sein, um ihnen zeigen zu dürfen, daß das
Verlangen, sich ihnen dankbar zu erweisen, der Inhalt
ihres Lebens geworden.

Als er sie aus der Losungerstube mit guten Rat=
schlägen für die Zukunft entließ, hatte er sie auch
gefragt, wo sie zu finden sei, falls er ihr etwas zu
sagen haben würde. Da war es ihr gewesen, als
stünde das Herz ihr still vor Schreck und vor
Freude. Wäre ihr Quartier statt einer geringen
Herberge der eigene Palast gewesen, all seine Thore
hätte sie ihm willig geöffnet, und doch überlief es
sie heiß bei dem Gedanken, daß er sie unter ihren
fahrenden Genossen aufsuchen und von ihr als Lohn
für seine Güte fordern könnte, was er, wäre sie ehr=
licher Leute Kind gewesen, nicht hätte von ihr ver=
langen dürfen, und was sie doch, halb gekränkt, halb
beglückt, entschlossen war, ihm nicht zu versagen.

Während des Tages und der Nacht, die sie auf
seinen Besuch wartete, war ihr bewußt geworden,

daß sie, die noch an keinem Manne mehr geschätzt
hatte als die Geschenke, die er ihr bot, in Minne
für Lienhard entbrannt sei. So glühende Sehnsucht
konnte nur ein liebendes Herz quälen, und doch war,
was sie empfand, gewiß etwas anderes als die Minne,
die sie aus Liedern kannte und die sie an anderen
Mädchen gesehen; denn derjenigen, der er mit Leib
und Seele angehörte, seiner schönen Gattin, gedachte
sie keineswegs mit eifersüchtigem Groll. Es kam ihr
vielmehr vor, als gehörte sie zu ihm, als wäre er
nicht mehr derselbe, wenn man sie von ihm trennte,
ja als gehörte auch ihr ihre Minne. Wenn es laut
vor ihrem Kämmerchen wurde, schrak sie zusammen,
und so gewaltig es sie auch nach ihm verlangte,
wie wonnig sie es sich auch dachte, ihm an die
Brust zu sinken und ihm die Lippen zum Kusse zu
bieten, verließ die kecke Seiltänzerin, die nach keines
andern Meinung je gefragt, keinen Augenblick die
Furcht, dem holdseligen Weibe unrecht zu thun, das
ein besseres Recht als sie auf ihn besaß. Statt sie
zu hassen oder auch nur zu wünschen, das Herz des
Geliebten mit seiner Gattin zu teilen, fürchtete sie sich
wie vor dem schwersten Mißgeschick vor der nahenden
Notwendigkeit, ihr junges Glück zu trüben. Dabei
fühlte sie, daß dies zu verhindern nicht in ihrer Macht

lag, sondern in der des Schicksals. Gefiel es diesem,
Lienhard ihr zuzuführen und ihrer zu begehren, so
wäre jeder Widerstand, sie wußte es, vergebens ge=
wesen. Darum begann sie einige Paternoster zu
beten, damit er fern von ihr bleibe. Aber die Sehn=
sucht nach ihm war so groß, daß sie bald davon
abließ und mit dem heißen Wunsch, er möge kommen,
wieder und wieder ans Fenster trat.

Das Essen und Trinken hatte sie in der furcht=
baren Erregung ihres Herzens von früh an vergessen,
bis es am Nachmittag endlich bei ihr anklopfte und
die Herbergsmutter sie herausrief.

Während sie mit fliegenden Händen sich über
das volle schwarze Haar fuhr und ihr bestes Kleid,
das sie schon am Morgen ihm zu Ehren angethan
hatte, zurechtzog, hörte sie die Wirtin melden, der
Herr Groland vom Rat warte ihrer drunten. Da
wich ihr das Blut aus den heißen Wangen, und die
Kniee, die ihr auch auf dem Turmseil nicht wankten,
zitterten ihr, als sie die schmale Stiege hinabschritt.

Im Hausflur trat er ihr entgegen und streckte
ihr mit offenem Freimut die Hand hin. Wie schön
er war und wie gut. So sah niemand aus, der
etwas begehrte, was sich im Dunkeln verbergen
mußte. Bevor ihr wild erregtes Blut noch zur

Ruhe kam, hatte er ihr auch schon gewinkt, ihm auf die helle Gasse zu folgen. Dort stand eine Sänfte. Eine alternde Frau von würdigem Aussehen schaute ihr aus ihr entgegen und faßte sie freundlich ins Auge.

Es war Frau Sophia, die Witwe des Herrn Konrad Schürstab vom Rate, eine der reichsten und vornehmsten Edelfrauen der Stadt. Lienhard hatte ihr von der gefährdeten, anmutigen Freigesprochenen erzählt und sie ersucht, ihm zu helfen, sie in ein gesittetes Leben, zu Ordnung und Rechtthun zurück= zuführen. In ihrem Hause mangelte es gerade an einer Gehilfin, die, nun ihr selbst das Bücken sauer wurde, die Wäschschränke beaufsichtigen, des Hühner= hofes, ihres Stolzes, walten und die Enkel, wenn sie kamen, um die Großmutter zu besuchen, im Auge behalten sollte. Darum war sie Lienhard sogleich zu der Herberge gefolgt, und Kuni hatte Gnade vor ihr gefunden. Es wäre aber auch schwer gewesen, keine Teilnahme für das höchst anziehende junge Geschöpf zu empfinden, das in schamvoller Ver= wirrung und doch froh und wie von einem schweren Drucke entlastet, die großen blauen Augen zu der gütigen Fremden aufschlug.

Es war kalt auf der Straße gewesen, und da

Kuni ohne jede Hülle ins Freie getreten, hatte Frau
Schürstabin in ihrer gütig sorglichen Weise die Unter=
redung mit ihr beschleunigt. Lienhard Groland war
ihr mit kurzen Worten dabei behilflich gewesen,
und als die Sänfte und der junge Ratsherr sich
die Straße herunter bewegten, war alles Nötige
schon abgemacht worden. Die Landstreicherin hatte
sich gebunden und Pflichten, wenn auch nur leichte,
auf sich genommen. Noch heute abend sollte sie in
das Haus der angesehenen Witwe ziehen und dort
nicht als Dienende, nur als Gehilfin der alten Dame
zur Hand gehen.

Von der Gaststube aus war Loni, der Meister
der Seiltänzerbande, der Verhandlung mit den Augen
gefolgt. An jedem der drei Fenster hatte sich Kopf an
Kopf gedrängt, während sie im Gang war. Was
da auf der Straße geflüstert wurde, zu verstehen,
war keinem möglich gewesen. Als die Neugierigen
endlich hofften, jetzt werde sich vielleicht erraten
lassen, was die vornehme Dame von Kuni begehrte,
hatte die Sänfte sich schon wieder in Bewegung
gesetzt und das Mädchen war in das heiße Zimmer
getreten, um Loni zu erklären, sie würde heute noch
die Bande auf Nimmerwiedersehen verlassen.

„S—o—o?" hatte Loni überrascht gefragt und

den goldenen Reifen gelüftet, der ihm Stirn und
Hinterkopf umgab. Dann war er sich durch das
kohlschwarze Haar gefahren, das ihm, in der Mitte
gescheitelt, glatt wie Zwirnfäden bis an den Nacken
reichte, und hatte seine ganze eindringliche Beredsamkeit
aufgeboten, um sie von der Thorheit ihres Vor=
habens zu überzeugen. Nachdem seine Gründe er=
schöpft gewesen waren, hatte er die heisere Stimme
lauter erhoben. — Wie immer, wenn er zornig er=
regt war, hatte er den rechten Unterarm dabei auf
und nieder bewegt und mit der linken Hand den
gewaltig hervorquellenden Athletenbiceps betastet. —
Aber Kuni war standhaft geblieben, — und als er
endlich gewahrte, daß sein Widerspruch ihren Trotz
nur steigerte, hatte er ihr zugerufen: „So renne denn
in Dein Unglück! Es kommt schon der Tag, an dem
Dir aufgeht, wohin Du gehörst. Wenn er nur nicht
zu spät kommt. Der Mann wird in jedem Jahre
zwölf und das Weib sechsunddreißig Monate älter.“

Damit hatte er ihr den Rücken gewandt und der
Hanswurst ihr den rückständigen Sold überbracht.

Manches Auge ward feucht, als sie den Genossen
und Genossinnen die Hand zum Valet bot. Kurz
nach Sonnenuntergang wurde sie im Hause der Frau
Schürstabin willkommen geheißen.

Die erste Begrüßung klang freundlich, und lauter
Güte und nachsichtiges Entgegenkommen wurde ihr
auch später zu teil. Eine eigene sonnige Kammer
nahm sie auf, und wie breit und weich war ihr Bett!
Aber während sie bei der Bande des Loni unterwegs
und wenn keine Stadt zu erreichen gewesen war, oft
genug fest und süß auf der Strohschütte geschlafen,
verbrachte sie hier eine unruhige Nacht nach der
andern.

In der ersten hatte ihr eine Reihe von Fragen
den Schlummer gestört. War es wirklich nur der
Wunsch, sie dem Herumstreifen zu entziehen, was
Lienhard veranlaßt hatte, ihr dies Haus zu öffnen?
Hegte er nicht vielleicht doch auch den Wunsch, sie
in seiner Nähe zu behalten? Gewiß war er in Begleitung der Frau Schürstabin zu ihr gekommen,
um ihres Rufes zu schonen. Verhielt es sich so, dann
hätte er freilich die Matrone zu Hause lassen können;
denn Loni und jedes in der Bande wußte, daß sie
sich nie um das Gerede der Leute bekümmert. Im
vorigen Jahre hatte sie Urlaub von dem Meister
genommen, der die kleinen fränkischen Städte besuchte,
und die Faschingszeit mit einem Wachtmeister der
Landsknechte in Nürnberg verschwelgt. Als die Beute,
die er in Italien gemacht, mit ihr verpraßt war,

5 *

hatte sie ihm den Laufpaß gegeben. Ihr Ruf war nicht schlechter und nicht besser unter den Ihren als der der anderen Gauklerinnen, die gleich ihr an der Landstraße geboren; und doch freute es sie, daß Lienhard bemüht gewesen war, ihn zu schonen. Oder war er nur um des eigenen guten Leumundes willen mit der alten Edelfrau gekommen?

Vielleicht aber — und bei diesem Gedanken schlug das Herz ihr wieder schneller — hatte er nur nicht allein zu kommen gewagt, weil in seinem Herzen sich doch etwas für sie regte und er sich, trotz seines schönen jungen Weibes, nicht sicher vor ihr fühlte. Dann hatte Frau Schürstabin ihn als Schild decken sollen. — Und diese Vermutung schmeichelte ihrem Selbstbewußtsein und versöhnte sie mit dem Schritte, den sie gethan und schon zu bereuen begann.

Aber wenn er nun wirklich nichts für sie empfand als der Förster, der ein im Walde verirrtes Kind auf den rechten Weg führt? Wie würde sie das ertragen? Kam es aber anders, war er wie die übrigen Männer, machte er sich zu Nutz, was ihr ganzes Sein und Wesen ihm doch verraten mußte, wie sollte sie dann vor seiner Ehefrau bestehen, die gewiß bald bei der Base vorsprechen würde?

All diese Fragen erregten einen Aufruhr von

unerhörter Heftigkeit in ihrer jungen, heißen, un=
erfahrenen Seele. In jeder folgenden Nacht wieder=
holte er sich. Immer schwerer ward es ihr, zu be=
greifen, warum sie die Bande Lonis verlassen und
sich in Verhältnisse begeben hatte, die nicht für sie
taugten, in denen sie sich nie, nie, nie zurechtfinden
oder gar glücklich fühlen konnte.

Es fehlte ihr an nichts in diesem reichen
Hause, auch nicht an Wohlwollen und Liebe. Frau
Sophia war nachsichtig und freundlich, auch wenn
sie, der so viel anderes Herz und Sinn erfüllte,
etwas versah oder vergaß. Die Enkelkinder der
Matrone, deren sie manchmal zu warten hatte, hingen
bald mit Zärtlichkeit an ihr. Schon unter den Seil=
tänzern war sie kinderlieb gewesen, und manches
Kleine, das mit der Bande zog, hatte ihr freudiger
als der leiblichen Mutter die Aermlein entgegen=
gestreckt. Es lag etwas in ihrem Wesen, das die
Kinder anzog. Dazu konnte sie ihnen mit den ge=
schickten Händen manches seltene Kunststück zeigen.
Viele Lieder, die sie in der Nähe und Ferne auf=
gelesen hatte und die den Schürstabschen Buben und
Mädchen allesamt neu waren, wußte sie zu singen.
Was kein anderer bei ihrem mutwilligen Spiel ge=
duldet hätte, sie ließ es geschehen. Ihre Obliegen=

heiten bei den Wäschschränken und im Hühnerhofe,
dem Stolz der Hausfrau, waren so leicht erfüll=
bar, daß sie in freien Stunden auch der Schaffnerin
unaufgefordert zur Hand ging. Anfänglich hatte
diese sie scheel angesehen, bald aber war sie ihr lieb
geworden. Sie und ihre Herrin erwiesen ihr so
viel Güte wie der Gärtner einer wilden Pflanze,
die er in gute Erde versetzte und die dort unter seiner
Pflege gedeiht.

Von dem Gesinde des Hauses hielt sie sich fern,
und Knecht und Magd ließen sie unbehelligt. Viel=
leicht aus thörichtem Dünkel; denn nachdem sie ge=
rüchtsweise erfahren, daß sie auf dem Seile getanzt,
meinten sie hoch über ihr zu stehen. Die jüngeren
Dienerinnen gingen ihr scheu aus dem Wege, und
Kuni überbot sie an Stolz und schaute auf sie herab,
weil sich ihr freies Künstlerblut sträubte, sich mit
Dienenden auf eine Stufe zu stellen. Kein Wort
gönnte sie ihnen, doch ließ sie sich von keiner auch
nur die kleinste Handreichung leisten. Nur Seifried,
dem Stallmeister des ältesten Sohnes der Haus=
frau, konnte sie nicht ausweichen. Anfänglich hatte
sie in dem hübschen Burschen, ihrer Gewohnheit
gemäß, durch feurige Blicke, denen sie nicht zu ge=
bieten vermochte, Hoffnungen erweckt. Jetzt fühlte

er, daß sie es ihm angethan hatte und bot ihr in
seiner ehrlichen Weise an, sie zu seiner vielgeliebten
Hausfrau zu machen; sie aber wies seine Werbung
erst freundlich, dann unwillig zurück. Als er dennoch
auf ihr bestand, bat sie die Schaffnerin, obwohl sie
sah, daß Ehestiften ihr Freude bereitete, ihn fern
von ihr zu halten.

Schon im März dankte Frau Sophia Lienhard
für die neue Hausgenossin, die weit übertreffe, was
sie von ihr erwartet. Im April war ihr Lob noch
wärmer geworden; nur bedauerte sie, daß das hübsche
Gesicht Kuniz die frischen Farben verliere und ihr
wohlgebauter Körper die Fülle. Auch that es ihr
leid, sie oft in sich gekehrt und beim Spiel mit den
Kindern weniger heiter zu sehen.

Lienhard und seine junge Gemahlin entschuldigten
das Verhalten des Mädchens. So gut sie es jetzt
auch habe, sei sie doch ein gefangener Vogel. Un-
natürlich, ja bedenklich wäre es, wenn sie sich nicht
bisweilen nach der alten Ungebundenheit und den
Genossen zurücksehnte. Auch des Beifalls der Menge
würde sie sich zu Zeiten erinnern. Der bekannte
Loni, ihr früherer Meister, habe ihn aufgesucht, um
sie für seine Bande zurück zu gewinnen. Unter
lauten Klagen über ihren Verlust sei es geschehen,

weil es ihm schwer falle, sie durch eine gleich ge=
schickte junge Künstlerin zu ersetzen. Wie falsch der
Gaukler Kuni sonst beurteilt, da er versichert, daß
sie, die unter den Fahrenden geboren, sich nie und
nimmer in einem ehrbaren Hause einleben würde, sei
ja nun deutlich geworden. Es bereite ihm, Lienhard,
großes Genügen, die halb Verlorene durch die Güte
der Frau Base gerettet zu wissen.

Kurz nach ihrem Eintritt in das neue Heim war
Lienhards Vater gestorben. Hinter dem Kummer, der
ihm auferlegt worden, mußte wohl — das fühlte
sie — jedes zärtliche Verlangen zurückstehen. Diese
Erwägung erhielt ihre Hoffnung aufrecht. Erst wenn
er die erste Bitternis des Schmerzes um den teuren
Mann verwunden hatte, durfte sie hoffen, daß er
sich ihr wieder zuwenden würde. Dazu that es ihr
selbst inniglich weh, ihn leiden zu sehen. Sie konnte
warten, und es gelang ihr auch, sich still zu gedulden.

Doch Woche auf Woche verging, und es änderte
sich nichts in seinem Verhalten. Da bemächtigte sich
ihrer eine große Unruhe, und dies entging ihm nicht;
denn eines Tages fragte er Kuni, während sein junges
Weib ihm am Arm hing und in seine Rede kurze,
doch teilnehmende Worte mischte, ob sie sich unwohl
fühle oder ob es ihr sonst an etwas mangle; sie

aber verneinte dies kurz und eilte in den Garten,
wo die Kinder unter frohem Geschrei dem Gärtner
halfen, das Beet mit den sprossenden Krokos und
Tulpen von den Tannenzweigen zu befreien, die sie
vor dem Frost des Winters beschützt.

Diesem Vorgang war wiederum eine schlaflose
Nacht gefolgt. Sich selbst zu belügen half nichts. So
gut hätte sie schwarz für weiß halten als länger
glauben dürfen, daß Lienhard ihrer begehrte. Keiner
anderen als seiner schönen, jungen Gattin gönnte er
von der Minne, deren auch er wohl fähig war und
in der sie auch für sich die Licht und Leben spendende
Sonne sah, den ärmsten ihrer Strahlen. Sie hatte
es erfahren. Recht oft war er ihr nach der Be=
stattung seines Vaters bei der Base begegnet. Ihre
Neigung zu verbergen und scheue Zurückhaltung zu
üben, war das Kind der Landstraße von niemand
angehalten worden. Gesprächig genug hatten ihre
Augen ihm darum erst verraten, wie innig sie sein
Leid mit ihm empfand und dann, was ihr das Herz
so stürmisch bewegte; — er aber — aus seiner Rede
war es deutlich genug zu ersehen gewesen — hatte,
was ihr Blick ihm künden sollte, nur für die heiße
Dankbarkeit einer leidenschaftlichen Seele gehalten.

Dankbarkeit! Wofür denn?

Aus einem freien, ausgelassen fröhlichen Leben voller heißer Erregung hatte seine laue Teilnahme sie in das lastende, üppige Einerlei dieses stillen Hauses geführt, in dem sie verkam. Wie eng, wie klein, wie bedrückend erschien ihr hier alles, und was sie dafür hergegeben, war die Welt, die ganze große, weite Welt. Wie den Fuchs das Küchlein hatte sie die Hoffnung, die verzehrende Sehnsucht ihres Herzens, wenn auch nur einmal, wenn auch nur auf flüchtige Augenblicke, befriedigt zu sehen, in die Falle gelockt. Aber das Feuer, das in ihr brannte, war nicht gelöscht worden. Ein eisiger Wind hatte es zu immer höher lodernden Flammen angefacht und richtete sie zu Grunde.

Frau Schürstabin nötigte sie zum Besuch der Kirche und auch zum Beichtgang. Aber die Messe, deren Bedeutung sie nicht verstand, bot ihrer nur nach Liebe lechzenden Seele gar nichts. Schon das lange Stillhalten an der nämlichen Stelle fiel ihr schwer, und die Beichte zwang sie, die sich nie gescheut, ehrlich heraus zu sagen, was sie fühlte und dachte, zur Lüge. War doch der Beichtvater, zu dem sie geführt worden war, ein häufiger Gast im Schürstabschen Hause, und bevor sie ihm das Geheimnis ihres Herzens anvertraut hätte, wäre sie gestorben.

Dazu war für sie das Verlangen, das sie erfüllte,
keine Sünde. Sie hatte es nicht gerufen. Gegen
ihren Willen war es über sie gekommen. Keinem
als sich selbst that sie damit etwas zu leide, auch nicht
seiner Hausfrau, die des Gatten ja so gewiß war.
Wie hätte sie wagen dürfen, ihr Lienhards Besitz
streitig zu machen; aber es brachte sie dennoch auf
wie eine Beleidigung, daß Frau Katharina die Gefahr für nichts achtete, die von ihr ausging. Konnte
jene denn wissen, daß sie, Kuni, sich mit wenig zu-
frieden gegeben hätte: mit einer zärtlichen Wallung
seines Herzens, mit einem Kuß, einer flüchtigen Um-
armung. Damit geschah der anderen nichts Böses.
In den Kreisen, aus denen man sie herausgelockt
hatte, mißgönnte dergleichen keine der andern. Wie
wenig, dachte sie, wäre der überreichen Katharina
durch die kleine Gabe entzogen worden, die ihr Glück
und Frieden zurückgegeben hätte. Daß Lienhard, da
er sie doch nie unbemerkt ließ, sie nicht verstehen wollte
und sich immer gleich blieb in seiner vornehm freundlichen Kühle, hatte sie bald Furcht, bald Grausamkeit,
bald Hochmut gescholten; nur daß er nichts und gar
nichts in ihr sehen sollte als ein ihm sonst gleichgiltiges
Geschöpf, das er an die Lebensweise gewöhnen wollte,
die er und die Seinen für die rechte, gottgefällige

hielten, wollte sie nicht glauben. Die Liebe, die weib=
liche Eitelkeit, das Bedürfnis nach Beifall, der ihr
eigene Stolz lehnten sich dagegen auf.

Als der letzte Winterschnee geschmolzen war, und
im April die Frühlingssonne grüne Triebe überall
und auf den Wiesen, an den Hecken, im Wald und
Garten bunte Blumen erweckte, wurde es ihr immer
unerträglicher in dem festen, vor jedem Lufthauch
geschützten neuen Heim, das sie beim Frost des
Februars betreten. Nagendes Heimweh nach der
freien Luft, dem Wandern, dem leichtlebig ungebun=
denen Völkchen, zu dem sie gehörte, ergriff sie. Es
war ihr, als sei ihr alles zu eng, was sie umgab: das
Haus, die Zimmer, ihre Kammer, ja sogar die
Kleider. Nur die Hoffnung auf den ersten Beweis,
daß Lienhard doch nicht so kalt und unbesiegbar sei,
wie es den Anschein hatte, und daß sie ihn endlich
dennoch zwingen werde, sich über die Schranke hinweg
zu setzen, die ihn von ihr trennte, hielt sie zurück.

Da war jener Tag gekommen, an dem sie, um
der Antwort auf seine Frage, was ihr fehle, zu ent=
gehen, sich in den Garten zurückgezogen hatte.
Bevor sie noch zu den spielenden Kindern, den
Tulpen und Krokus gelangt war, hatte sie sich gesagt,
daß sie fort müsse aus diesem Hause, weil es thöricht,

ja wahnsinnig sei, die Hoffnung, die sie hierher geführt,
länger zu nähren. Sie sich aus dem Herzen zu
reißen, that weh; daneben aber ergriff sie eine wilde
Freude bei dem Gedanken, nun bald dieser Haft zu
entrinnen, bald wieder frei zu sein, voll und ganz
ihre eigene Herrin, erlöst von jedem Zwang und
jeder Rücksicht. Welch eine berauschende Vorstellung,
bald wieder durch Feld und Wald mitten im blühenden
Frühling unter ausgelassen fröhlichen Genossen durch
die Welt zu fahren! Gab es denn etwas Schöneres,
als sich selbst zu vergessen und die ganze Seele an
die Lösung der schwierigen, gefahrvollen Aufgabe zu
setzen, mit fesselnder Anmut, getragen vom Hochgefühl,
tausend Augen auf sich zu ziehen, tausend Herzen
zu bangem Schlagen und lautem Beifall zu zwingen,
über dem Seile dahin zu fliegen?

Ausgelassen heiterer hatten die Kinder sie noch
niemals gesehen als nach ihrem Entschluß, sie zu verlassen. Wie Kuni sich zur Ruhe begeben, hörte die
alte Schaffnerin sie indes in ihrer Kammer so schmerzlich weinen, daß sie aufstand, um sie zu fragen, was
ihr Schlimmes begegne. Aber das Mädchen erschloß
ihr nicht einmal die Kammer und versicherte, es
habe wohl der Alp sie im Schlafe gedrückt.

In den nächsten Tagen hatte sie sich bald so froh-

gemut und willig jedermann gewärtig erwiesen, bald
so scheu und bekümmert, wie sie die Hausgenossen noch
nie gesehen. Frau Schürstabin schüttelte den Kopf über
das ungleichmäßige Gebaren des Pfleglings. Als aber
der Mai begann und Lienhard der Base erzählte, der
Seiltänzer Loni, der sich im Februar nur in Nürn=
berg aufgehalten, um die Fastenzeit, während derer
jede öffentliche Schaustellung verboten war, dort zu
verbringen, sei beim Rate eingekommen, bis über
die Pfingstwoche hinaus auf den Hallerwiesen Vor=
stellun= gen mit seiner Bande zu geben, zeigte sich die
Matrone besorgt um die Ruhe des Schützlings. Ihr
Neffe war es vor ihr gewesen und gab ihr den Rat,
bald auf ihr Landgut zu ziehen, damit Kuni nichts
von den Gauklern zu sehen und zu hören bekomme;
sie aber hatte den Hanswurst mit anderen Mitgliedern
der Bande gewahrt, wie sie zu Fuß, zu Roß und zu
Esel die Straße durchzogen und die Leute bei Trom=
peten= und Paukenschall einluden, den Wundern zuzu=
schauen, die die berühmte Künstlergesellschaft des Loni
zum besten geben würde.

Da hatte Kuni das Bündel geschnürt. — Als sie
aber am nächsten Morgen hörte, bevor es aufs Land
ginge, würde Frau Schürstabin der Taufe ihres
jüngsten Enkels beiwohnen und den ganzen Tag bei

der Tochter bleiben, die des Knäbleins genesen, löste
sie es wieder.

An einem sonnigen Maitag ließ man sie, wie sie
erwartet, allein. Zu den Taufgästen hatte man sie
nicht laden können, zu den Dienenden nicht gesellen
wollen. Die Schaffnerin und die meisten Knechte und
Mägde waren der Herrin gefolgt, um in der Küche
und beim Aufwarten der Gäste zu helfen. Tiefe Stille
herrschte in dem großen, menschenleeren Hause; Kunis
Herz aber hatte noch nie so laut geschlagen. Wenn
Lienhard jetzt kam, dann entschied sich ihr Schicksal,
und er mußte kommen, sie wußte es. Kurz vor Mittag rührte er auch wirklich den Klopfer an der Haus-
thür. Er wollte die Patenthaler holen, die Frau
Schürstabin für den Täufling mitzunehmen vergessen.
Sie lagen in der Truhe im Schlafgemach der Matrone.
Kuni wies ihm den Weg. Das Haus drehte sich um
sie her, während sie hinter ihm die Treppe hinan-
schritt. Die nächsten Augenblicke — sie fühlte es —
mußten über ihr Schicksal entscheiden.

Jetzt legte er die Hand auf die Klinke, jetzt
öffnete er die Thür. Vor ihr lag das Schlafzimmer
der Matrone. Seidene Vorhänge hielten die helle
Maisonne von dem stillen Raume zurück. Wie warm
es dort war und wie lauschig.

Schon sah sie sich im Geiste neben ihm vor der Truhe knieen, um ihm suchen zu helfen. Dabei mußten seine Finger die ihren berühren, vielleicht sogar ihr Haar das seine. Aber er betrat das Gemach noch nicht, sondern wandte sich ihr mit sorgloser Unbefangenheit entgegen und sagte: „Gut, daß ich Dich allein finde. Willst Du mir einen Gefallen thun, mein Mädchen?"

Er hatte im Sinn gehabt, sie zu bitten, ihm zu helfen, der Base eine Ueberraschung zu bereiten. Uebermorgen war Frau Sophia Schürstabs Namenstag. Schon in der Frühe sollte sie ein seltenes indisches Hühnerpaar, das ihm aus Venedig zugekommen war, unter ihren gefiederten Lieblingen finden.

Als Kuni mit der Zusage zurückhielt, weil ihr das wild erregte Blut die Zunge hemmte, bemerkte er ihre Verlegenheit und fuhr in ermunterndem Tone heiter fort: „Gar zu schwer ist eben nicht, was ich von Dir begehre." Dabei strich er ihr wie vor drei Monaten auf dem Rathaus freundlich über das schwarze Haar.

Da stieg ihr das Blut zu Häupten. Mit beiden Händen ergriff sie seine Rechte, unter deren Berührung sie eben erzittert war, und von ihren Lippen klang ihm leidenschaftlich der Ruf entgegen: „Ver=

langt von mir, was Ihr nur immer begehrt. Und
wolltet Ihr mir das Herz mit den Füßen zertreten,
ich hielt' Euch stille."

Ein heißer Liebesblick war ihm dabei aus ihren
glänzenden blauen Augen entgegengeflammt; er aber
hatte ihr überrascht die Hand entzogen und eine
hohe Schranke zwischen sie beide erhoben, indem
er mit herber Kühlheit entgegnete: „Hebt dies Herz
samt Eurer zierlichen Person für den Stallmeister
Seifried auf, der ein redlicher Mensch ist."

Wie ein Dolchstoß traf Kuni dieser Rat und die
vornehme Strenge, mit der er erteilt ward. Dennoch
gelang es ihr, sich zu beherrschen. Ohne ein Wort
zu erwidern, trat sie dem harten Manne schnell in
das Schlafgemach voran. Stumm und thränenlos
wies sie ihm die Truhe. Als er ihr die Paten=
thaler entnommen, verneigte sie sich schnell und eilte
die Treppe hinunter.

Wohl hatte sie gehört, wie er ihr ihren Namen
dreimal und öfter nachrief, wohl meinte sie sich später
sicher zu erinnern, seine Stimme hätte dabei bittend,
ja zärtlich und zuletzt sogar gebieterisch durch das
menschenleere Haus geklungen; sie war indes, ohne
sich nach ihm umzuschauen, auf ihre Kammer geeilt.

Als Lienhard die Base am Abend dieses Tages nach Hause begleitete, war Kuni nirgends zu finden. In ihrer Kammer fand die Matrone jedes Gewandstück, das sie für sie angeschafft hatte, bis aufs letzte, ja auch die Biberkappe, das Gebetbuch und den Rosenkranz, die sie ihr geschenkt. In ihrem Auftrage begab sich der junge Bürgermeister schon am nächsten Morgen zu dem Seiltänzer Loni, doch versicherte dieser, nichts von dem Mädchen zu wissen. In Wahrheit hatte er es mit einem Teil der Bande nach Leipzig gesandt.

Von da an war sie bei den Seiltänzern geblieben. Anfänglich hatte der Meister sie sorglich bewacht, damit sie ihm nicht wieder entrinne. Bald aber war ihm dies unnötig erschienen; denn eifriger bei der Sache hatte er noch kein Mitglied seiner Bande gefunden, schneller noch keines in der Kunst fortschreiten sehen. Jetzt galt es nur, sie den anderen Seiltänzern

und englischen Reiterführern, sowie den begehrlichen
Rittern und Herren vorzuenthalten, die sie ihm ab=
spenstig zu machen versuchten. Ihr Name war be=
rühmt geworden. Wenn der Ausrufer verkündete,
die „fliegende Jungfrau" würde das Turmseil be=
steigen, war Loni einer großen Zuschauermenge gewiß.
— Unter ihresgleichen hatte sich zu jener Zeit der
Namen der tollen Kuni an sie geheftet.

Aber auch damals und mitten im freiesten Verkehr
mit deutschen, spanischen und anderen Offizieren in
Flandern und in Brabant, mit jungen Rittern und
leichtherzigen Klerikern am Rhein, am Main, an der
Donau, Weser und Elbe, denen das hübsche, feurige
Mädchen mit dem glänzenden Rabenhaar und den
lichtblauen Augen, die Meisterin in ihrer Kunst, wert
schien, den Beutel für sie zu leeren, hatte sie Lien=
hards mit nichten vergessen. Und dies gedieh in
den großen Reichs= und Handelsstädten manchem
leichtlebigen Herrn aus vornehmem Geschlechte zum
Nachteil; denn es gereichte Kuni zu besonderer Lust,
an den Standesgenossen Lienhards ihre Macht zu
erproben. Zog sie mit der Bande weiter, hatte
mehr als ein Patriziersohn guten Grund, ihrer in
Reue zu gedenken; denn sie, die den Löwenpart ihres
Verdienstes mit den Kunstgenossen teilte und den

6*

Armen willig in den Schoß warf, war diesen Herren
gegenüber von unersättlicher Habsucht.

Je schwächer sie manchen von ihnen fand, desto
höher erhob sich in ihrer Vorstellung das Bild dessen,
der ihr seine männliche Widerstandskraft so grausam
zu fühlen gegeben. Seine strenge, unerbittliche Art
schien ihr hassenswert; und doch war während drei
voller Jahre das sehnsüchtige Verlangen nach ihm
kaum auf Stunden in ihrem Herzen zur Ruhe ge=
kommen.

In dieser ganzen Zeit war sie ihm nie wieder
begegnet. Erst als sie nach Augsburg gekommen
war, wo die Bande des Loni vor dem versammelten
Reichstage Vorstellungen geben sollte, hatte sie ihn
wiedergesehen. Einmal war es ihr sogar gelungen,
seinen Blick auf sich zu ziehen. Dies hatte sich dazu
in einer Weise ereignet, die ihr zur Genugthuung
gedieh. Ihm zur Seite war nämlich seine schöne
Gemahlin in köstlichen Sammetgewändern mit ehr=
bar niedergeschlagenen Augen dahingeschritten; er
aber hatte sie zwar sicher erkannt — daran war
nicht zu zweifeln, — doch es unterlassen, seiner
Gattin auch nur durch eine Miene zu verraten, wem
er hier wieder begegne. Lange hatte sie dem stolzen
Paare nachgeschaut und sich dabei mit dem schwer

irrenden Scharfblick des liebenden Herzens gesagt,
daß er sein Weib auf sie hingewiesen hätte, wenn
er ihrer nicht dennoch irgendwie — sei es im guten
oder im bösen — gedächte.

Diese kleine Wahrnehmung war genügend gewesen,
ihr den Rest dieses Tages gleichsam zu verklären
und eine Fülle von neuen Hoffnungen und Fragen
in ihr zu erwecken.

Frau Katharina den Gemahl abspenstig zu
machen, begehrte sie auch jetzt nicht. Willig erkannte
sie an, daß die Schönheit der anderen die ihre zehn=
fach übertraf; ob aber die Gaben der Minne, die
das Weib mit der nie zu trübenden vornehmen Ge=
lassenheit dem Gemahl zu bieten verstand, nicht nur
arme Bettelpfennige waren im Vergleich zu dem
überreichen Schatz an heiß glühender Leidenschaft,
den sie für Lienhard bereit hielt, auf diese Frage
schien es ihr nur eine Antwort zu geben. War denn
diese von tausend kleinen Bedenken wie von dem
steifen, schweren Prachtgewande eingeengte Frau, die
sich keinen Augenblick selbst vergaß, überhaupt ein
echtes, rechtes Weib? Ja, wollte er nur einmal
die thörichten Rücksichten von sich werfen, die auch
ihn ein rechter Mann zu sein hinderten, und sie, von
der er wußte, daß sie sein eigen war, in die Arme

ziehen und sie fest halten, so lang er begehrte, dann
sollte er erkennen, was ein starkes, freies, furchtloses
Weib, dessen geschmeidige Glieder so wenig einengt
wie das Herz, demjenigen zu gewähren vermag, dem
es alles schenkt, was ihm innewohnt an Minne.
— Und er mußte etwas von ihr begehren, was der
Hausfrau verborgen bleiben sollte. Sie konnte nicht
irren. Eine so sichere Vorahnung hatte sie niemals
betrogen. Seit sie in Augsburg eingezogen war,
sagte ihr eine laute innere Stimme — und die Karten
der alten Brigitte hatten es bestätigt —, hier würde
sich das Geschick ihres Lebens entscheiden, und er,
er allein hielt ihr Wohl und Wehe in der Hand.

Dennoch hatte sie sein Verhalten der Gemahlin
gegenüber mißdeutet. Trotz des prächtigen Putzes,
den Kuni einem Ritter von Neckerfels dankte, der da=
mals um ihre Gunst warb, hatte Lienhard sie aller=
dings erkannt. Bei ihrem Anblick war ihm indes
die letzte Begegnung mit ihr und ihr peinlicher Ab=
schluß in den Sinn gekommen, und er hatte es darum
unterlassen, die Gattin sogleich auf sie hinzuweisen.
Bevor Kuni ihm aber aus dem Blick entschwunden
war, hatte er das Versäumte schon nachgeholt, und
ihn wie sie verlangte es, sich über das Ergehen des
früheren Schützlings zu unterrichten.

Jetzt freilich war dieser Wunsch nicht sogleich er=
füllbar gewesen; denn Lienhards Kraft und Zeit
wurden ganz von dem Vertragsentwurf in Anspruch
genommen, dessen Abfassung Kaiser und Rat ihm
anvertraut hatten.

Am folgenden Nachmittag bestieg Kuni vor vielen
Fürsten und Großen das Turmseil. Sicher wie immer
wiegte sie sich mit der hölzernen Stütze im Rücken,
durch die das Seil gespannt war, auf seinem Ende
und wog die lange Balancirstange in den Händen.

Der Beifall, mit dem die Menge die „fliegende
Jungfrau" klatschend und rufend begrüßte, veranlaßte
sie zu einer Kußhand nach links und rechts, und
zu einer Verneigung nach der Tribüne hin, die
man für die gekrönten Häupter, Grafen, Herren und
für ihre Damen errichtet. Dabei schaute sie auf die
vornehme Zuschauerschaft nieder, um sich zu ver=
gewissern, ob der Kaiser und außer ihm noch ein
anderer sich unter ihr befinde. Trotz der Höhe des
obersten Turmfensters, vor dem sie stand, zeigte ihr
das scharfe Auge, daß der Sitz Maximilians noch
leer war. Da man ihn mit Purpur umhangen und
reich bekränzt hatte, wurde der Herrscher indes sicher
erwartet. Das freute sie, und das Herz schlug ihr
schneller, als sie auf der Tribüne des turnierfähigen

Abels, und zwar in der ersten Reihe, denjenigen gewahrte, um den ihr am meisten zu thun war. Zur
Rechten Lienhards thronte im reichsten Gold- und
Federnschmucke seine blendend schöne Gemahlin; zu
seiner Linken aber saß ein weibliches Wesen von
höchst eigentümlicher Anmut. Den Jahren nach war
sie noch ein Kind, doch lag in ihren überaus feinen,
beweglichen Zügen schon etwas Reifes, das ihr
bisweilen das Ansehen altklugen Besserwissens verlieh. Der Schnitt ihres weißen Gewandes und
das Lorbeerkränzlein auf ihren braunen Locken er-
innerten Kuni an den heidnischen Genius auf einem
alten Marmorwerke, das sie in Verona gesehen.
Weder das Alter des Mädchens noch seine leichte,
luftige Kleidung paßten zu seiner Umgebung; denn
die Frauen und Jungfrauen rings um sie her waren
der Kindheit längst entwachsen und in reichster Fest-
tracht erschienen. Aus schwerem Brokat und Sammet-
stoffen bestanden ihre Gewänder. Die bauschigen
Aermelpuffen am Oberarm berührten mancher die
Wangen, und die Spitzenkrausen am steifen Hals-
kragen machten es ihnen zwar leicht, die vornehme,
stolze Würde zu bewahren, verhinderten sie aber an
jeder lebhaften, freien Bewegung.

Die Kleine, von der Kuni später erfuhr, es sei

das Töchterlein des Konrad Peutinger von Augs=
burg, den sie heute im Blauen Hecht wiedergesehen
hatte, war damals elf Jahre alt gewesen. Sie hatte
sie bald für fünfzehn oder gar für sechzehn gehalten,
— bald nur für neun oder zehn; dies ruhelose Ge=
sicht bewahrte eben auch keinen Augenblick den näm=
lichen Ausdruck. War das Lächeln verschwunden, das
ihr ein kindliches Aussehen verlieh, und bewegte ihr
etwas Ernstes die Seele, glich sie in der That einer
reifen Jungfrau. Welch heller, beweglicher Geist mußte
diesem seltsamen Wesen innewohnen! Schien Lien=
hard, der kluge hochgelehrte Mann, doch völlig von
seiner jungen Nachbarin hingenommen; ja im leb=
haften Gespräche mit ihr vergaß er völlig der schönen
Gemahlin an seiner Seite. Wenigstens schenkte er
ihr keinen Blick, so lange Kuni zu ihm herabsah.
Jetzt drohte ihm das Kind schalkhaft mit dem Finger;
er aber schien halb belustigt, halb verlegen nach einer
schicklichen Antwort zu suchen. Und wie leuchtete
Lienhard das Auge hell auf, während es an dem
süßen roten Mündchen des kleinen Wunders an seiner
Linken — die Herzensseite! — hing.

Wenige Minuten hatten genügt, der Seiltänzerin
dies alles zu zeigen und ihr die Frage vorzulegen,
ob es denn möglich sei, daß der treueste aller

Eheherren das junge Weib, das er unter den schwer=
sten Hindernissen errungen, um dessentwillen er sie,
die Vielbegehrte, so kühl und grausam zurückgewiesen
hatte, und das heute noch unter all den schönen
Damen um sie her die holdseligste war, um eines
Kindes willen so schnöde übersah.

Im Nu versetzte ihr beweglicher Geist sich in die
Seele der bisher so hoch bevorzugten Gattin des
geliebten Mannes, und ihr seltsam geartetes Frauen=
herz erfüllte sich mit Groll gegen das junge Geschöpf
da unten, das noch nicht einmal ein reifes Weib war
und dem doch wie im Spiele zu gelingen schien, wo=
nach sie mit so schmerzlicher Sehnsucht vergeblich
getrachtet.

Sie, deren Herz frei geblieben war von Eifer=
sucht selbst gegen diejenige, die zwischen ihr und dem
Geliebten stand wie eine feste, von der Schickung selbst
aufgerichtete Schranke, fühlte sich jetzt plötzlich von
dieser Leidenschaft ergriffen. Aber sie wandte sich
nicht gegen die Frau, der Lienhard nun einmal an=
gehörte wie der Stadt oder dem Geschlechte, zu dem
ihn der Wille des Himmels gesellt, sondern gegen
das rätselhafte junge Geschöpf neben ihm, das sich
keinen Augenblick gleich blieb.

Ein Wesen von besonderer Art mußte dies Kind

sein, nein, diese Jungfrau. Wie die Sirenen, von denen sie gehört, gebot es über die geheimnisvolle, beneidenswerte Macht, auch die eiserne Widerstands= kraft des stärksten der Männer zu brechen.

Blitzschnell durchzuckte sie, deren gutes Herz wenigen grollte und niemand etwas Uebles wünschte, das brennende Verlangen, die kleine Hexenmeisterin von Lienhards Seite zu treiben, mußte es sein mit Gewalt. — Hätte sie statt der Stange einen Blitz= strahl in der Hand gehalten, es wäre ihr eine Lust gewesen, das verführerische Kind von ihrer Höhe aus mit ihm zu treffen, nicht nur, weil dieser Zau= berin so schnell in den Schoß fiel, wonach sie ach wie lange vergeblich getrachtet, sondern weil es ihr ins Herz schnitt, die Glückseligkeit Frau Katharinas, durch wen es auch sei, trüben, ja vielleicht zer= stören zu sehen. Eine ihrer harmlos leichtfertigen Seele sonst fremde Bitterkeit hatte sich ihrer bemäch= tigt, als sie mit dem letzten Blicke, den sie von ihrer Höhe aus auf Lienhard warf, gewahrte, wie er sich tief zu der Kleinen niederbeugte und ihr mit feurigem Eifer etwas zuraunte, das das zarte Rosenrot auf ihren Wangen in die Farbe der Mohnblume ver= wandelte.

Ja, die Seiltänzerin war eifersüchtig auf das Kind

mit dem Lorbeerkranze. Sie, der Gesetz und Pflicht,
Tugend und Sitte so wenig galten, fühlte sich auch
verletzt, gequält, gekränkt über das Verhalten Lien=
hards. Nach dem Warum durfte sie jetzt freilich nicht
fragen. Schon zu lange hatte sie mit dem Vorwärts=
schreiten gezaudert.

Die rechte Antwort wäre ihr übrigens auch bei
ruhigem Nachdenken verborgen geblieben. Wie hätte
sie ahnen sollen, daß, was ihre leidenschaftliche Seele
so wild erregte, der Schmerz war, denjenigen, in
dem sie den Hort aller Rechtschaffenheit, den Gebieter
über die festeste Willenskraft, den Ausüber der un=
verbrüchlichsten Treue erkannt hatte, hier vor aller
Welt wie einen Schwächling und lockeren Gesellen der
Verführungskunst eines unreifen Kobolds unterliegen
zu sehen. Diese zwei, die ihr, der elternlosen Fahren=
den, die nichts umgab als zügelloses Sichgehenlassen,
äußeres und inneres Elend, den Beweis geliefert, daß
es noch echte Minne und eine vor jedem Ansturm
gefeite Glückseligkeit im ehelichen Bunde gab, sie stellten
sich hier vor ihren Augen in die gleiche Linie mit
den lockeren Paaren, die sie überall fand. — Es
in Worten zum Ausdruck zu bringen, wäre ihr miß=
lungen, doch fühlte sie dunkel, daß die Welt dadurch
ärmer für sie wurde, daß sie von nun ab an etwas

Geringeres denken mußte, wenn es sich wieder vor-
zustellen galt, was dem Menschen an reinem Glück zu
genießen vergönnt ist. Von dem spärlichen Rest ihres
Glaubens an das Rechte und Gute, das durch das
Sein und Wesen dieser bevorzugten beiden, seit sie
Zeugin ihres Kirchganges gewesen, neu in ihr er-
grünt war, hatte sie die Blüte abbrechen sehen.

Meister Loni winkte schon lange. Immer un-
geduldiger schwenkte er jetzt das bunte Tuch, und
sie schritt vorwärts.

Mühsam zwang sie dabei die Lippen zu dem üb-
lichen Lächeln.

Das Vorwärtstänzeln war für die Schwindelfreie
leicht. Die Stange nahm sie nur mit, weil es ge-
bräuchlich war, mit dem Leichtesten zu beginnen.
Während sie den einen Fuß in zierlicher Biegung vor
den andern setzte, sagte sie sich indessen doch, daß
sie — so sicher sie sich auch fühlte — besser thäte,
bei so starker innerer Bewegung nicht wieder in den
meertiefen Abgrund niederzuschauen. Sie vermied es
auch wirklich, und es gelang ihr mühelos, in raschem
Laufschritt das Ende des Seils zu erreichen und den
Weg auf dem Seile noch einmal hin und her zurück-
zulegen.

Während sie am Ziele der Wanderung die Sohlen

nen mit Kreide bestrich, scholl der Beifall, der sie
auf ihrem gefahrvollen Gange begleitete, immer noch
zu ihr in die Höhe, und am lautesten von der Tribüne
her, auf der Lienhard unter den vornehmen Zu=
schauern weilte.

Er hatte auch wacker in die Hände geklatscht und
„Bravo" gerufen. Solche Anmut, solche Kraft und
Kühnheit war ihm noch bei keiner Seiltänzerin be=
gegnet.

Ein wie herrlich gebildetes Weib war aus seiner
bescheidenen Schutzbefohlenen geworden. Wie hätte
er dem unglücklichen jungen Geschöpfe, das er vor
Schimpf und Schande bewahrt, so hohen Wagemut,
eine so seltene Meisterschaft zutrauen dürfen!

Was er empfand, und daß er die Künstlerin zu
seinen Bekannten zählte, vertraute er auch seiner
jungen Nachbarin an; sie aber hatte, tief erblaßt,
die Augen niedergeschlagen; denn beim Zuschauen
war es ihr gewesen, als liefe sie selbst Gefahr, in
die Tiefe zu stürzen. Ein Schwindel hatte sie er=
griffen, und das Herz, dessen allzu zarte Reizbarkeit
den Aerzten längst Besorgnis einflößte, zog sich ihr
dabei krampfhaft zusammen.

Der Anblick des in Todesgefahr schwebenden
Mitmenschen ihr zu Häupten erschien ihr unerträglich.

Erst als sie Lienhards Rat befolgte und das Schauen
in die Höhe vermied, ward sie ruhiger. Bald gewann
ihr beweglicher Sinn auch die verlorene Heiterkeit
zurück, und der Freund an ihrer Seite, dem das
holde Kind mit dem früh entfalteten reichen Geiste
wie das lieblichste der Wunder erschien, trug, so oft
er auch selbst in die Höhe schaute, Sorge, daß es
vor einem neuen Schwächeanfalle bewahrt blieb.

In Kunis Brust fachte der Beifallssturm von
der Stätte her, an der auch Lienhard weilte, ihr
Bedürfnis nach Bewunderung zu hellem Auflodern
an. Auch ihm wollte sie zeigen, was sie vermochte,
auch ihn nötigen, ihr Beifall zu spenden. Zwingen
wollte sie ihn, von der kleinen Verführerin fort und
zu ihr, deren Kunst — sie erfuhr es täglich — die
Kraft innewohnte, die Aufmerksamkeit der Zuschauer
mit der Macht des Basilistenauges zu bannen, in
die Höhe zu schauen. Auf dem Turmseile war sie
nichts Geringes. — Er sollte für sie zittern, wie vor-
gestern noch der graue, narbige Landsknechtshaupt-
mann Mannsbach, der ihr bekannte, das Herz hätte
ihm bei ihren Wagestücken banger geschlagen als in
der Feldschlacht.

Schneller schritt sie beim Takte der lebhaften Tanz-
weise, die die Stadtpfeifer bliesen, vorwärts. In der

Mitte des Seiles drehte sie sich um sich selbst, lief
zu dem kreuzförmigen Bocke am Turmfenster zurück,
reichte dort die Stange dem Meister Loni und nahm
einen Vogelbauer voller Tauben in Empfang. Eine
jede trug einen Zettel mit einer dem Kaiser Max
gewidmeten Huldigung am Halse, und sie waren
sämtlich wohl abgerichtet, sich in der Nähe des ge=
schmückten Thronsessels niederzulassen, den der ritter=
liche Monarch jetzt innehatte. Der Hanswurst, der
ihr mit komischer Ehrerbietung darbot, wessen sie für
die folgende Vorstellung bedurfte, teilte es ihr mit.

Meister Loni rief ihr, sicher, von keinem Un=
berufenen gehört zu werden, aus dem Turmfenster
zu: „Heute kommt die Kunst zu Ehren, mein Mäd=
chen!“ Und der Hanswurst fügte lustig hinzu: „Wem
wär' es wohl sonst noch vergönnt, dem Herrn Kaiser
auf dem gesalbten Kopfe herumzuspazieren?“

Doch solcher Aufmunterung hätte es für Kuni
nicht bedurft. Wohl fühlte sie sich geschmeichelt durch
das Bewußtsein, auch die Blicke des Herrschers auf
sich zu ziehen; doch was sie sogleich zu leisten ge=
dachte, sollte einen andern zwingen, stumm vor
Furcht und Bewunderung ihren Schritten zu folgen.
Mit gekreuzten Füßen warf sie das bekränzte Haupt
zurück und holte tief Atem. Dann richtete sie sich

schnell auf und eilte mit dem Vogelbauer in der einen
und mit dem geflügelten Merkurstabe, den der Hans=
wurst ihr gereicht, in der andern Hand bis in die
Mitte des Seiles vorwärts. Dort öffnete sie, sicher,
als stände sie auf dem Estrich ihrer Kammer, den
Käfig. Die Vögel entflatterten dem Pförtlein und
erreichten in raschem geradem Fluge ihr Ziel. Da
erhob sich unter und neben ihr auf allen Schau=
plätzen und an hundert Fenstern rauschender Beifall;
ihr aber war es, als tose ihr das Brausen der
Meeresbrandung vor den Ohren. Wie ein eiserner
Hammer schlug ihr das Herz unter dem rosenfarbigen
Seidenmieder, und in der stolzen Gewißheit, wohl
schon jetzt erreicht zu haben, was sie begehrte, und
Tausenden von anderen Blicken voran, die Lienhards,
wie mit Ketten und Banden an sich zu fesseln, er=
faßte sie das ehrgeizige Verlangen, noch Erstaun=
licheres zu leisten. Der Mann, an dem ihr Herz
hing, der Kaiser, die unzählbare Menge da unten,
in diesem Augenblicke waren sie ihr allesamt mit
Herz und Sinn unterthänig. Nichts, gar nichts
durften, konnten sie denken und fühlen, als was sie
anging, als was ihre Kunst, ihr Schicksal betraf.
Was sie sämtlich noch nie gesehen, wollte, konnte
sie Lienhard, dem Kaiser, ihnen allen zeigen. Ver=

gehen sollten sie vor teilnahmsvoller Besorgnis. Zu
erkennen wollte sie ihnen geben, was die rechte Kunst,
was Geschick und Kühnheit vermögen. Alles übrige,
selbst der Wunsch nach Beifall, war vergessen. Mochte,
was sie leistete, nur ein gefahrvolles Kunststück genannt werden, sie empfand es als wahre, echte Kunst.
Ihre ganze Seele ging auf in dem Verlangen, das
Höchste, das Vollendetste, was für den Seiltänzer
erreichbar, kühn und doch schön auszuführen. Mit
perlender Stirn und mit aufwärts gerichteten Augen
warf sie den Käfig von sich. Hoch auf schwang sie
den Merkurstab und tanzte im Walzertakt wie von
gehorsamen Windgöttern getragen über das Seil hin.
Sich um sich selbst drehend flog ihre schlanke Gestalt
in anmutigen Biegungen von einem Ende ihrer
schmalen Bahn zum andern. Da erreichte der Beifall die enthusiastische Wildheit, die sie gewünscht;
von der Turmluke her klatschten ihr sogar die Hände
des Meisters Loni entgegen. Das hatte sie ihn noch
keinem von der Bande gewähren sehen. Ja, sie mußte
ihre Sache gut gemacht haben; doch sie wollte ihm
und den anderen dort unten noch Besseres zeigen.
Was sie eben gewagt, war noch mancher Steigerung
fähig; sie hatte es erprobt.

Mit fliegenden Händen und Pulsen löste sie so-

gleich die mit Rosen und Blättern umwundene Ranke,
die ihr den Oberkörper umwand, von der hoch-
wogenden Brust und den Hüften und schwang sie in
anmutigen Figuren, indem sie bald auf dem Seile
niederkniete, bald sich wieder erhob, um sich her.

Oft schon war sie auf dem niedrigen Seile über
die Schnur gesetzt und hatte während des Sprunges
die ganze Gestalt so umgekehrt, daß, was sie vor sich
gehabt, dann hinter ihr lag. Dies Stück auf dem
Turmseile zu wiederholen, war freilich weder ihr noch
einem andern zugemutet worden. Wenn sie indes die
Ranke dennoch als Schnur benützte und hier in der
schwindelnden Höhe über sie hinwegzuspringen wagte?
Wenn ihr sogar das Sichumwenden dabei gelang?
Die Schnur war fest. Glückte ihr Vorhaben, dann
hatte sie etwas Unerhörtes geleistet, sprang sie fehl,
verlor sie das Gleichgewicht, während sie sich um sich
selbst drehte, so war es aus mit der kargen Lust hienieden, dann hatte es ein Ende mit dem großen
Elend und der nie zu stillenden Sehnsucht. Und
eins war gewiß: Lienhard würde atemlos zu ihr auf-
schauen, ja für sie zittern. Daß er sie, kostete der
Sprung ihr das Leben, aufrichtig beklagen würde,
hieße vielleicht zu Großes hoffen; aber bedauern
würde er sie gewiß, und den Augenblick des Sturzes

7*

und darum auch sie selbst konnte er nie und nimmer
vergessen. Loni, der Meister, er würde sich den Gold=
reifen von dem schwarzgefärbten Haare reißen, sich in
seiner überschwenglichen Weise einen Sohn des Un=
glücks, sie aber die größte Künstlerin nennen, die je=
mals das Seil beschritten. Ganz Augsburg, alle
Großen des Reiches, auch der Kaiser, würden sie
beklagen, und das Ende ihres Daseins würde so stolz
und rühmlich sein wie das eines ritterlichen Helden,
der als Sieger auf dem Blachfelde verblutet. War
der Verlauf ihrer Lebensbahn von früh an auch nur
gering und elend gewesen, so sollte doch sein Abschluß
groß werden und köstlich.

Langes Erwägen war Kuni fremd. Schon wäh=
rend diese Gedanken ihr blitzschnell das erhitzte Hirn
kreuzten, zog sie die Schnur aus einander, streifte mit
der Geistesgegenwart, die ihr Beruf auch in schwerer
Gefahr zu bewähren lehrt, die Rosen von ihr ab,
die den Fuß hätten aufhalten können, und schwang
sie dann in großen Bogen über sich hin. Dann
erhob sie sich behend und dennoch bedacht, in jeder
Bewegung die Anmut zu wahren, ohne die ihr auch
das schwerste Wagestück wertlos erschienen wäre,
nahm die ganze ihr eigene Kraft und Vorsicht zu=
sammen, ging im Laufschritt vorwärts und — sie

wußte selbst nicht, wie es geschehen war, — sie hatte
den Sprung über die Schnur einmal und zum zweiten=
mal gewagt und beim dritten= und viertenmale auch
die Wendung glücklich vollendet. Es hatte ihr nicht
einmal Mühe gekostet, das Gleichgewicht wieder zu
finden. Abermals sah sie die klatschenden Hände des
Meisters Loni im Turmfenster vor sich, und der Jubel
der Menge, der wie Donnerschläge von den hohen
Giebelhäusern ringsum widerhallte, lehrte sie, daß die
Kühnheit des Wagnisses und die Kunst, mit der sie
es ausgeführt hatte, auch von diesen Zuschauern ge=
würdigt wurde. Zwar konnte sie keine einzelne Stimme
unterscheiden, sie meinte aber zu wissen, daß Lien=
hard zu denen gehörte, die am lautesten „Bravo"
riefen und in die Hände klatschten. Jetzt mußte er
erkannt haben, daß sie mehr war als eine arme Rosen=
kranzdiebin und die unnütze Brotesserin im Schür=
stabschen Hause.

Wiederum zog sie die Schnur aus einander, und
während sie sich anschickte, einen neuen Anlauf zu
nehmen, das Wagnis zu wiederholen und, reichte die
Schwungkraft aus, es mit einer doppelten Drehung
um sich selbst zu versuchen, die ihr auf dem niedrigen
Seile niemals mißlang, konnte sie der Versuchung
nicht widerstehen, einen raschen Blick auf Lienhard

zu werfen; bestieg sie doch das Turmseil nie, ohne
von ihm aus Umschau zu halten.

Sicher ihrer selbst, im Frohgefühl des Gelingens
schaute sie in die Tiefe.

Da saß der große Maximilian und regte immer
noch klatschend die Hände. Dankbar und mit leiden-
schaftlichem Verlangen nach neuem Beifall festigte sich
in ihr der Entschluß, ihm ihr Allerbestes zu zeigen.
Aber im nächsten Augenblick wich ihr das Blut aus
den leicht geschminkten Wangen; denn Lienhard —
war es möglich, war es denn faßbar — Lienhard
Groland sah nicht zu ihr empor. Ohne die Hand
zu regen und ihr einen Blick zu schenken, schaute er
der kleinen Lorbeerträgerin eifrig redend ins Antlitz.
Mit Leib und Seele stand er in ihrem Banne.

Doch es konnte ja nicht sein, sie durfte nicht recht
gesehen haben! Noch einmal mußte sie hinunter-
schauen, um sich zu vergewissern. Sie that es, und
ein qualvoller Schmerz zog das Herz ihr zusammen.
Wie vorhin, ja mit noch hingebenderer Wärme koste er
mit der Kleinen. Wie er jetzt nichts gewahrte, was
auf dem Seile vorging, so hatte er wohl auch vorhin unbeachtet gelassen, was sie nicht am letzten um
seinetwillen hier in der schwindelnden Höhe geleistet,
gewagt, sich mit Lebensgefahr unterfangen. Seine

Gattin regte neben ihm immer noch die klatschenden
Hände, — Lienhard aber schaute, wie taub und
blind für alles andere, in das Blatt, das die unselige kleine Elbin ihm eben darbot. Beschrieben
war es gewiß. Vielleicht mit einem Zauber, der ihn
dem Kinde unterthänig machte. Wie hätte er es sonst
über sich gebracht, sie selbst und ihre Kunst — das
Beste, was sie zu vergeben hatte — so unfreundlich
zu übersehen?

Da ergriff neben dem bittersten Kummer wild
brennender Haß ihre Seele.

Seit Jahren hatte sie sich nicht an ihre Heilige
gewandt; jetzt aber flehte sie sie in einem kurzen Stoß-
gebet an, dies Kind von Lienhard fortzuscheuchen,
es mit Jammer, Elend und Vernichtung zu strafen.
Ein herbes Weh, wie sie noch keins empfunden, schnitt
ihr dabei ins Herz. Die reine, sonnige Luft, die sie
in ihrer Höhe atmete, schien ihr wie mit ätzendem
Rauch gesättigt und trieb ihr Thränen in die Augen,
die schon lange nicht mehr geweint.

Während sie dann, ohne recht zu wissen, was sie
that, immer noch umbraust vom Zuruf der Menge,
unter der Lienhard gerade jetzt mit banger Span-
nung den Blick von neuem an jede ihrer Bewegungen
heftete, die Schnur wieder erhob und sich zum Sprunge

bereitete, war es ihr, als höbe sich ihre schmale Bahn
vor ihr höher und höher. Noch ein Schritt, und
plötzlich hatte sie, während ihr ein gellender Angst=
schrei des Meisters Loni und der entsetzte Jammer=
ruf des Hanswurstes: „Jesus Maria, sie stürzt!"
nachklang, die Empfindung, als risse das Seil dicht
vor ihr jäh aus einander. Dann fühlte sie sich plötz=
lich von einem Orkane umheult, der sie davontrug,
sie wußte nicht wohin. Es war ihr, als hätte der
Sturm die Enden des Seils ergriffen und als peitsch=
ten sie mit furchtbaren Schlägen auf sie ein und
träfen ihr Schultern, Rücken und Füße. Die kleine
Kranzträgerin lag dabei auf einer schwarzen Wolke
ihr gegenüber zu Füßen Lienhards. Immer noch
hielt sie das Blatt in der Hand und rief die Be=
schwörungen, die darauf verzeichnet standen, in die
empörten Elemente hinein. Ihre Zauberkraft —
Kuni wußte es — hatte sie entfesselt. Lienhards
tiefe Stimme mischte sich in ihr böses Kreischen, bis
das Getöse der Brandung des Meeres, an dessen
Felsenufer sie der Sturm hingeschleudert haben mußte,
alles andere übertönte und sich bald heiße purpur=
rote, bald eiskalte kristallhelle Wogen über sie hin=
wälzten. — Dann sah und hörte sie lange nichts
mehr.

Als die erstorbene Einbildungskraft sich wieder
in ihr zu regen begann, war es ihr, als kämpfte sie
gegen einen großen Seekrebs, der ihr mit den Scheeren
in den Fuß schnitt. Die kleine Elbin hetzte ihn gegen
sie wie der Jäger den Hund. Was sie dabei an
Schmerz und Haß empfand, wäre unerträglich ge=
wesen, wenn Lienhard gemeinsame Sache mit dem
schrecklichen Kinde gemacht hätte. Aber er verwies
ihm sein Thun und kämpfte sogar mit dem Kobold,
der ihn hindern wollte, sie von dem Krebse zu be=
freien. Doch die Elbin war stärker als er. Die
furchtbaren Scheeren fuhren fort, sie zu quälen. Je
mehr sie aber litt, desto eifriger schien Lienhard be=
strebt, ihr zu helfen, und das that ihr gut und
mischte ein süßes Wohlgefühl in das brennende Weh.

Viele Tage und Nächte blieb Kuni im Banne dieser Wahnbilder. Als sie endlich wieder erwachte, lag sie auf einem einfachen Lager in einem weiß getünchten, langen Saale. Die wohlgescheuerten Dielen waren mit Sand und Tannennadeln bestreut. Neben dem ihren standen andere Betten. An der einen Wand hing ein aus Holz geschnittenes großes Kruzifix, das mit grellen Farben bemalt war. Von der andern schaute ihr ein rührendes Gemälde der Mater dolorosa mit Schwertern im Herzen entgegen.

Am Lager Kunis stand eine graue Schwester sowie ein älterer Herr. Es mußte der Arzt sein. Der lange schwarze Talar, das sehr hohe dunkle Barett und der lange Stab mit dem goldenen Knopfe zeugten dafür. Mit dem Augenglase über der kräftigen Nase schaute er ihr weit vorgebeugt aufmerksam ins Antlitz.

Ihr Erwachen schien ihm Freude zu machen.

Ueberhaupt erwies er sich als ein wohlgesinnter, erfahrener Mann. Mit unermüdlicher Sorgfalt bot er alles auf, um die vielen Schäden, die sie davon= getragen hatte, zu heilen. Bald sollte sie auch durch ihn und die Schwester erfahren, daß sie von dem Turmseile gestürzt und wie durch ein Wunder ge= rettet worden war. Die Ehrenpforte unter ihr und die Guirlanden, die den Holzbau schmückten, hatten sie aufgehalten, bevor sie das Pflaster berührte. Ihr rechtes Bein war freilich gebrochen, und um sie am Leben zu erhalten, hatte ihr der linke Fuß abgenom= men werden müssen. Auch manche Wunde und Schramme an der Brust und am Haupte war zu schließen gewesen, und ihre schönste Zier, das volle, lange, dunkle Haar, abgeschnitten worden.

Warum hatte man sie, die Seiltänzerin, in einem Dasein zurückgehalten, das ihr nichts mehr bieten konnte als Not und grausames Elend! Unwillig warf sie dies ihren Rettern vor; der Arzt aber frug sie, als er sie eine Weintraube mit Wohlgefallen ver= zehren sah, ob dieser Genuß nicht schon genüge, sich der Erhaltung des Lebens zu freuen. Außer ihm gebe es tausend ähnliche kleine Gottesgaben, die kaum wert der Beachtung erschienen und zusammen gethan

ein großes Leid aufwögen, das sich noch dazu mit
jedem Tage durch die Gewöhnung verringere.

Die Schwester suchte sie durch andere Gründe
mit dem erhaltenen Dasein zu versöhnen; doch die
Worte, die das fromme Herz ihr eingab und für
eine gläubige Seele bestimmt waren, übten geringe
Wirkung auf das wild aufgewachsene Kind der Landstraße. Am tiefsten ergriff Kuni der Hinweis auf
die schmerzensreiche Mutter Gottes. Wenn solches
Leid über die Reinste und Höchste, die der Herr gewürdigt hatte, seinen erhabenen Sohn der Welt zu
schenken, verhängt worden war, welcher Schmerz
wäre dann wohl zu schwer für sie, die fahrende
Dirne, gewesen? Das wiederholte sie sich häufig im
stillen; nur zu oft aber lehnte ihr ungestümes Herz
sich dennoch gegen das Elend auf, dem sie sich entgegen gehen fühlte. Doch es sollte noch viele Wochen
dauern, bis sie genas; denn ein schlimmer Rückfall
stellte ihre Erhaltung von neuem in Frage.

Schon während der ersten schlimmen Zeit hatte
sie in Fieberphantasien von Lienhard geredet, seinen
Namen gerufen und ihn vor der tückischen Elbin ge-
warnt, die ihn verderbe. Oft waren ihr auch Flüche
und gräßliche, rohe Verwünschungen, wie man sie
nur aus dem Munde des vagirenden Gesindels hörte,

unter dem sie erwachsen, von den glühenden Lippen
geklungen. Als sich ihr Zustand wieder besserte, frug
sie der Arzt in dem neckischen Tone, dessen ältere
Männer sich gern gegen jüngere Frauen bedienen,
deren Herzensgeheimniß sie erlauscht zu haben meinen,
was ihr Liebster ihr gar so Uebles angethan habe.
Die Schwester, ja auch die Aebtissin wünschten eifrig
zu erfahren, was es mit der Hexe sei, deren sie im
Fieber unter so gräßlichen Verwünschungen gedacht.
Sie blieb indessen beiden die Antwort schuldig.
Ueberhaupt sprach sie nur wenig, und ihre Pfleger
hielten sie für ein verschlossenes Geschöpf mit ver-
härtetem Gemüt; denn auch die Tröstungen des
Glaubens wies sie widerspenstig zurück.

Nur dem Beichtiger, einem alten, freundlichen
Priester, der jedem Dinge die gute Seite abzugewinnen
wußte, erschloß sie sich insofern, als sie ihm in der
Beichte bekannte, daß sie des Eheherrn einer andern
begehrt und einmal einem Nächsten Böses, ja das
schlimmste Uebel angewünscht habe. Weil es indes
bei Gedankensünden geblieben, war ihr wohlwollender
Gewissensrat schnell geneigt, ihr Absolution zu er-
teilen, wenn sie als Buße eine stattliche Anzahl von
Paternostern beten und eine Wallfahrt unternehmen
würde. Wäre sie gut zu Fuß, hätte sie nach Santiago

di Compostella pilgern sollen; da ihr aber ihr Zu=
stand dies verbiete, dürfte es mit dem Besuche von
Altötting in Bayern genug sein. Sie aber verlangte es
mit nichten nach einer Erleichterung der Buße. Ganz
im stillen beschloß sie vielmehr, die Pilgerfahrt nach
Compostella im fernen Spanien beim „Weltende" *)
auf sich zu nehmen, wenn sie auch noch nicht wußte,
wie sich dies mit den verstümmelten Gehwerkzeugen
ermöglichen lassen würde. Selbst dem gütigen Beich=
tiger verschwieg sie dies Vorhaben. Sie, die von
Kind an auf sich selbst gestellt war, bedurfte keiner
Aussprache, keines Vertrauten.

Um so lebhafter beschäftigte sie sich in den langen
Tagen und Nächten, während derer sie, der Sprache
noch nicht völlig mächtig, das Bett hüten mußte, mit
der eigenen Vergangenheit. Daß es sie mit unwider=
stehlicher Gewalt zu Lienhard hingezogen hatte und
immer noch hinzog, war richtig; doch wen als sich
selbst hätte sie damit wohl gekränkt oder geschädigt?
Eine schwere Sünde war es dagegen sicher gewesen,
daß sie dem Kinde so gräßlich geflucht. Aber auch
jetzt noch hätte sie ernsten Grund gehabt, die Be=
kränzte zu verwünschen; denn nicht Lienhard, sie allein

---

*) Kap Finis terrae.

trug schuld an ihrem Unglück. Ihr Gebet auf dem
Seile, die Heilige möge das verhaßte Kind verderben,
und die Vorstellung, die sie dabei beherrscht, die Be=
kränzte sei eine reife Jungfrau, die nur von elfenhaft
feiner Gestalt, weil sie vielleicht zu den Corinnen und
Truden gehörte, von denen die Märchen erzählen,
hatte sich ihr tief ins Gedächtnis geprägt.

So oft sie jenes Flehens gedachte, empfand sie
den bittern Geschmack, den sie auf dem Seile gekostet.
Fühlte sie sich auch berechtigt, die kleine Unheil=
stifterin zu hassen, so lastete ihr das Gebet vor dem
Sturze doch nicht viel weniger schwer auf der Seele
als ein begangenes Verbrechen. Wenn die Schwester
nun recht hatte und die Heiligen jedem heißen Gebet
Erhörung verschafften?

Ihr schauderte bei diesem Gedanken. Die Ver=
wünschte war ja so jung gewesen, so zierlich. Trug
das Kind auch schuld an ihrem Elend, hatte es ihr doch
geflissentlich nichts Böses gethan. Solche Gedanken
veranlaßten Kuni oft, die Hände zu falten und die
Heilige anzuflehen, ihr Gebet von damals unerhört
zu lassen; doch sie kam nicht weit damit; denn eine
innere Stimme raunte ihr dann zu, daß jedes lebende
Wesen — Mensch und Tier — den Drang fühle,
dem andern, das ihm weh thue, etwas Aehnliches

zuzufügen, und daß sie, die alle Welt für schlecht
hielt, nicht besser zu sein brauchte als die anderen alle.

Dabei verlangte es sie immer lebhafter, zu wissen,
wer das kleine Geschöpf sei, das so großen Jammer
über sie gebracht, und ob es sich immer noch zwischen
Lienhard und seine schöne Gattin drängte.

Sobald sie wieder der Sprache völlig mächtig
geworden, begann sie mit dem Forschen. Die Schwester,
die ganz in ihrem Beruf aufging und die Stätte
ihres mühevollen Waltens nie verließ, wußte wenig
zu berichten; der Arzt und der Beichtvater aber
teilten ihr auf die Frage, was sich während der
Zeit ihrer Bewußtlosigkeit ereignet, mit, der Kaiser
habe befohlen, sie aufs beste zu verpflegen, und dem
Kloster dafür eine Schenkung gespendet. Auch ihrer
Zukunft hätte er gedacht. Wenn sie genesen sei,
würde sie die fünf Pfund Heller ausgezahlt erhalten,
die der großmütige Herr für sie zurückgelassen hatte,
um den Schaden in etwas gut zu machen, den sie
erlitten, da sie ihre seltene Kunst aufgeboten habe,
um vor allen auch ihn zu ergötzen. Außerdem hätte
ein reicher Nürnberger „Ehrbarer" vom Rate, Lienhard Groland, sich ihrer angenommen und ebenso viel
bei der Aebtissin für sie hinterlegt, falls sie den
Gebrauch der Glieder zurückerlange und es nicht vor-

ziehe, den Rest ihrer Tage, wenn auch nur als Laien=
schwester, hier zu verbleiben. Für diesen Fall sei
er willens, die Aufnahmekosten zu tragen.

„Damit sich die hohe Klostermauer zwischen ihm
und meinem Anblick erhebe," hatte sich Kuni bei
dieser Nachricht mit einem herben Lächeln gesagt.
Dagegen war ihr das Auge feucht geworden von
wahrer Rührung und vor aufrichtiger Scham, als
sie von dem Arzte erfuhr, die aller Anmut reiche
Hausfrau des Herrn Lienhard Groland sei tagtäglich
in eigener Person im Kloster erschienen, um nach
ihrem Ergehen zu fragen. Sie habe auch ihr Lager
mehrfach mit einem Besuche beehrt. Fortgeblieben
sei sie erst, nachdem sie, Kuni, als sie das Fieber am
heißesten gebrannt, die Bekränzte, die ihr der Alp so
oft vor Augen führte, in Gegenwart der edlen Dame
so wild und gotteslästerlich wie nie zuvor mit Flüchen
überschüttet. Da habe die holdselige junge Frau ein
Grauen befallen, das ihr die Wiederkehr verleidet,
wenn ihr Ausbleiben nicht auf Rechnung der Abreise
zu setzen. Uebrigens hätte sie einer fürnehmen Ge=
vatterin in Augsburg, der Gemahlin des gelehrten
Stadtschreibers Doktor Peutinger, eine Welserin aus
dem berühmten Augsburger Geschlechte, die Sorge um
ihr Ergehen übertragen. Selbige hätte auch mehrfach

nach ihr gefragt, bis die Erkrankung eines eigenen
lieben Kindes sie selbst an das Haus gebannt habe.
Trotzdem sei ihre Beschließerin noch gestern erschienen,
um der Aebtissin zu vermelden, daß, falls die Ge=
stürzte genese und es ihr anstehe, es sich hinfort in
einem ehrbaren Leben gefallen zu lassen, sie jederzeit
bei leicht zu erfüllenden Pflichten einer guten Auf=
nahme in ihrem eigenen Hause gewiß sei. Das,
fügte der Arzt hinzu, dürfte Kuni sicherlich großen Trost
gewähren; denn mit dem Seiltanz sei es doch auf
immer vorbei, und die Peutinger wären mit irdischem
Gut und hohen Gaben des Geistes gleich ver=
schwenderisch gesegnet und dazu wahrhaft christlich
gesinnte Leute. Auch das Kloster sei bereit, habe
ihm die Aebtissin vertraut, sie zu behalten, wenn
Herr Groland von Nürnberg auf seiner Verheißung
bestehe, die Gebühren für sie zu entrichten.

Das alles weckte in der Genesenden eine neue
Welt von Gefühlen und Gedanken. Daß es sie vor
allem zu aufrichtiger Erkenntlichkeit hätte veranlassen
sollen, empfand sie lebhaft genug, und doch wollte
es ihr nicht glücken, sich recht dankbar zu fühlen.
Dem Lienhard — das wiederholte sie sich — würde
ein Gefallen geschehen, wollte sie sich in das Kloster
verschließen, und lieber hätte sie in der Höhle eines

Löwen als bei der Peutingerin Unterkunft gesucht.
War ihr doch gestern schon kund geworden, daß die
Stadtschreibersgattin die Mutter des Kindes sei, dem
sie Tod und Unglück angewünscht hatte.

Eine Badehauswirtin von Augsburg, die sich mit
siedendem Wasser verbrüht, war ihre Bettnachbarin
geworden. Sie ging der Genesung entgegen und
war ein geschwätziges Weib, dessen zudringliche Mit=
teilsamkeit Kuni anfänglich verdrossen, ja ihr, wollte
sie gar nicht zum Schweigen kommen, weh gethan
hatte. Aber es ging aus ihrem Hinundhergerede
hervor, daß ihr jeder Stein und jede Katze in ihrer
Vaterstadt bekannt war. Daraus hatte Kuni Nutzen
gezogen und nicht viel zu fragen gebraucht, um alles
zu erfahren, was sie über die bekränzte kleine Elbin
zu wissen begehrte.

Es war Juliane, das Töchterlein des Stadt=
schreibers Konrad Peutinger, ein Kind von unbän=
diger Klugheit und von einer Gelehrsamkeit, deren=
gleichen man bisher nie und nimmer bei einer Elf=
jährigen gefunden. Die Badehauswirtin wußte viel
Wunderbares von diesem Kinde und seinem aus=
nehmenden Witz zu erzählen, dem auch wohlgeschulte
Männer nicht zu begegnen vermöchten. Dabei ver=
dammte sie so Vater wie Mutter, die sich an dem

herzigen Kinde wie rechte Rabeneltern erwiesen; denn
sie überspannten, um das Wunder voll zu machen
und um der lieben Eitelkeit zu genügen, den Geist
der Kleinen schon lange mit so unverständiger Schärfe,
daß es dem zarten Leibe zum Nachteil gedeihe. Das
habe sie aus dem eigenen Munde der Base des Kindes
und von anderen hochansehnlichen Gevatterinnen der
Peutinger und Welser in ihrem Badehause vernommen.
Es hätte sich leider auch schon bewährt, daß jene
verständigen Frauen im Rechte gewesen; denn bald
nach dem Schlusse des Reichstages sei Juliane einem
schleichenden Siechtum verfallen. Jetzt heiße es sogar,
daß sie nimmer aufkommen würde. Etliche wollten
auch in der Krankheit der kleinen Peutingerin eine
gerechte Heimsuchung des Himmels sehen, dem der
stete Verkehr des Vaters wie des jungen Töchter-
leins mit den alten Heiden und ihren gottlosen
Schriften billig zum Aergernis gereiche.

Diese Mitteilung hatte die Unruhe, die Kuni schon
lange ergriffen, aufs höchste gesteigert. So oft sie auch
Lienhards gedachte, öfter noch kam ihr in den Sinn, daß
sie es sei, die das Siechtum auf das Kind einer Mutter
niedergebetet, die ihr, der Gauklerin, der ehrbare
Frauen sonst aus dem Weg gingen, so menschenfreund-
lich Unterkunft in ihrem ansehnlichen Hause geboten.

Das Bewußtsein, denen Dank zu schulden, gegen die sie sich so schwer versündigt, bedrückte sie. Wie bitterer Hohn wollte ihr das gütige Anerbieten der Mutter des hinsiechenden Kindes erscheinen. Den Namen „Peutinger" auch nur auszusprechen zu hören, war ihr peinlich.

Dazu wurde ihr, je weiter die Genesung fortschritt, die Entbehrung der freien Bewegung immer schwerer erträglich. Das Bestreben der gütigen Aebtissin, sie im Kloster zurückzuhalten und sie zu lehren, sich dort durch Handarbeit nützlich zu machen, führte zu keinem rechten Erfolge; denn das Spinnrad zu drehen untersagte der Genesenden der fehlende Fuß und für feinere Nadel= arbeiten gewann sie weder Lust noch Geduld.

Diejenigen waren im Rechte, die sie eines be= klagenswerten Mangels an Ausdauer ziehen; sank ihr doch das Weißzeug, das sie zu säumen begann, nur zu bald in den Schoß. Wenn ihre Augen, für die es hier nichts zu sehen gab wie einen schmalen, rings ummauerten Hof, sich bei der Arbeit schlossen, glaubten die anderen, sie schlafe; doch ihr Geist blieb, auch wenn sie die Lider gesenkt hatte, wach und schweifte über Thäler, Flüsse und Berge in der weiten, weiten Welt ruhelos umher. Auf der Land= straße sah sie sich mit flinken Gauklern, lustigen

Spielleuten und anderem sorglosen fahrenden Volke
hinziehen, statt die Nadel zu führen. Selbst der
wirbelnde Staub, der schnell bewegte Wind und der
durchnässende Regen draußen kamen ihr in der dumpfen
Klosterluft und dem ewig gleichen Lavendelgeruch,
der sie erfüllte, begehrenswert vor.

Als endlich die kleine Afra, die blonde Nichte der
Pförtnerin, ihr im Märzmond die ersten Schneeglöckchen
brachte und Kuni ein Starenpärlein in den Kasten auf
der knospenden Linde vor ihrem Fenster einziehen sah,
duldete es sie nicht länger in der klösterlichen Haft.

Zwischen diesen Mauern mußte sie zu Grunde
gehen, vielleicht sterben und verderben. Trotz aller
Vorstellungen, Warnungen, Bitten und Versprechungen
von seiten derer, die es hier — sie erkannte es dankbar — wohl mit ihr meinten, bestand sie auf dem Verlangen, entlassen zu werden, um draußen, nur draußen,
wie auch immer das Leben zu fristen. Endlich zahlte
man ihr denn auch aus, was ihr zukam; sie nahm
aber nichts an als die Gabe des Kaisers. Das Geld,
das Lienhard Groland für sie bestimmt hatte, wies
sie dagegen trotzig zurück, so dringlich man sie auch
nötigte, es zu dem andern und zu dem Viatikum, das
die Nonnen ihr beim Abschied mitgaben, zu fügen.

Die Aprilsonne schien hell, als die Klosterpforte
sich hinter Kuni schloß. Die Linden auf dem
Platze trieben schon junge Blätter, die Vögel sangen,
und das Herz wurde ihr so froh und weit wie nicht
seit Jahren.

Zwar überfiel sie bereits in dem schattigen Kreuz=
gange der böse Husten, der sie während des ganzen
Winters gequält; den Holzfuß aber hatte sie brauchen
gelernt, und mit dem Stock in der einen und ihrem
Bündelchen in der andern Hand kam sie schon weiter.

Ihren alten Meister Loni gedachte sie wieder auf=
zusuchen, nachdem sie die Wallfahrt nach Compo=
stella beendet. Vielleicht konnte er sie als Ausruferin,
und wenn das wegen des Hustens nicht anging, beim
Geldeinsammeln oder bei der Abrichtung der Kinder
gebrauchen. Er war gutherzig. Ging es ihm selbst
nur erträglich, so ließ er sie gewiß mit der Bande

ziehen und gab ihr, die in seinem Dienste verun=
glückt war, das bißchen Brot, dessen sie bedurfte.
Ohnehin hatte er früher, wenn sie das Gold mit
vollen Händen ausstreute, ihr vorausgesagt, was ihr
bevorstand und ihr, als er von Augsburg aufge=
brochen war, von den Nonnen sagen lassen, wenn
sie der Not verfiele, möchte sie des Loni gedenken.

Mit den fünf Pfund Hellern des Kaisers und
den zwei Gulden, die sie als Viatikum des Klosters
erhalten, konnte sie ohnehin weit hinein in die Welt;
denn es gab Fuhrleute und Fahrende genug mit
Wagen und Karren, die sie für ein Geringes mit=
nehmen würden, und die Leute von der Landstraße
ließen ihresgleichen selten im Stich.

Wohl hatte sie früher mit besserer Kraft und
anderen Ansprüchen in die Zukunft schauen dürfen,
aber auch so war es schön, trotz des Hustens und
des stechenden Kitzels in den Narben, so lange sie frei
sein und den Weg wählen durfte, der ihr behagte.

Sie kannte die Stadt und hinkte durch Straßen
und Gassen der Herberge entgegen, wo die Fahren=
den einzukehren pflegten.

Unterwegs begegnete sie einem leicht gerüsteten
Herrn, in dem sie schon von weitem den Ritter Necker=
fels erkannte, zu dem sie sich vor dem Sturze

gehalten. Er ging allein und schaute ihr gerade ins
Gesicht. Dennoch kam es ihm auch nicht von fern
in den Sinn, er sei der tollen Kuni begegnet. Nur
zu deutlich sah man ihm an, daß er in ihr eine
völlig Fremde erblickte.

Es wäre aber auch unmöglich gewesen, sie wieder
zu erkennen.

Im Kloster wurden keine Spiegel geduldet, doch
ein blanker, neuer Zinnteller hatte ihr ihr abgezehrtes
Gesicht mit der breiten Stirnnarbe, die tiefliegenden
Augen und das ganze schmale Haupt mit dem nur
gar langsam wieder wachsenden Haar, und noch dazu
in häßlicher Verlängerung, gezeigt. Jetzt nötigte ihr
der Anblick der knochigen Hand, mit der sie den
Stab führte, ein halb bekümmertes, halb verächtliches
Lächeln ab. Ihr Arm war voll und rund gewesen,
jetzt aber nicht viel stärker als der Stecken. Die
hübsche Seiltänzer=Kuni war sie nicht mehr; sie mußte
sich gewöhnen, vor aller Welt für etwas ganz an=
deres, noch viel Geringeres zu gelten, das auch
Lienhard — und das war gut — keines Blickes wert
gehalten hätte.

Und doch! Wenn das innere das wahre Wesen
ist, hatte sich nur wenig an ihr verändert. Was
ihr die Seele bewegte, war sich gleich geblieben, nur

hatte es einen herben Beigeschmack gewonnen. Ein
großer Vorzug ihres inneren Wesens war ihr freilich
zugleich mit der Schönheit und Kraft des Körpers
abhanden gekommen: die Fähigkeit, auf Glück und
Freude zu hoffen, — vielleicht auf Nimmerwiedersehen;
denn ein lastendes Gefühl der Schuld, das ihrer
leichten Seele sonst fremd gewesen war, bedrückte sie,
seitdem ihr neulich im Kloster zu Ohren gekommen,
das Kind, auf das sie Tod und Verderben herab-
gefleht hatte, liege hoffnungslos darnieder und werde
die fröhliche Pfingstzeit kaum noch erleben.

Das kam ihr jetzt wieder in den Sinn. Das
Wohlgefühl der Freiheit verließ sie, und nachdenklich
schritt sie weiter, bis sie in der Nähe des Jakob
Juggerschen Hauses aufgehalten wurde.

Ein großer Leichenzug wallte langsam auf sie
zu. Da wurde etwas Vornehmes, Großes zu Grabe
getragen; denn die gesamte Geistlichkeit der Stadt
schritt den anderen voran. Chorknaben im höchsten
Festornat, die Weihrauchpfannen an zierlichen Metall-
ketten schwenkten und Laternen an langen Stäben
trugen, umgaben das hohe Kreuz.

Was vornehm und groß war in Augsburg, was
die Schule an Mädchen und Buben besuchte, die
Brüder- und Genossenschaften der Stadt gingen

feierlichen Schrittes der Bahre voran. Einen gleichen
Leichenzug hatte Kuni noch nie gesehen. Vielleicht
war der eines hohen Herrn, den sie zu Mailand ge=
sehen, größer gewesen; in diesem aber schien jeder,
der an ihm teilnahm, von wahrer Trauer ergriffen.
Selbst die Schuljugend, die sonst bei dergleichen
traurigen Anlässen allerlei geheime Kurzweil trieb,
schritt diesmal so bekümmert dahin, als hätte sie
etwas jedem einzelnen nahestehendes Liebes verloren.
Unter den Mädchen waren wenige, denen nicht neue
und immer neue Thränen die frischen Wangen genetzt
hätten.

Von Anfang an hatte Kuni zu wissen gemeint,
wer hier zu Grabe getragen wurde. Jetzt hörte sie
auch von einigen Weibern, die in ihrer Nähe die
Köpfe zusammensteckten, die Verstorbene Juliane Peu=
tingerin nennen. Eine bleichwangige Goldstickerin, die
für die Schwester der Verstorbenen noch jüngst ein
Festgewand mit Blumen und Ranken umsäumt, er=
zählte schluchzend, unter wie schweren Leiden diese
köstlichste der Augsburger Mädchenblumen dahin=
gewelkt sei, bevor der Tod ihr das zarte Stengelein
geknickt.

Plötzlich aber brach sie ab; denn ein Ruf der

Ueberraschung, der Klage, des Entzückens pflanzte sich
hier laut, dort leiser unter der Menge fort, die sich
am Rande der Straße zusammengedrängt hatte.

Die Bahre erschien.

Zwölf Jünglinge trugen das mit einem himmel-
blauen, reichgestickten Tuche bedeckte Gestell, auf dem
der Sarg ruhte. Er war offen und das Lager der
Verstorbenen so hoch aufgerichtet, daß es schien, als
lehne sie sich nur leicht an die luftigen, weißseidenen
Polster. Wiederum war ihr Haupt umkränzt, doch
diesmal mischten sich blühende Myrten in den Lor-
beer auf den braunen Locken, die voll und weich auf
dem schneeigen Kissen und auf den Spitzen des Sterbe-
hembdes ruhten. .

Die Augen Julianens waren geschlossen. Ach wie
gern hätte Kuni die Lider mit den langen Wimpern
aufgeküßt, um nur einen Blick der Vergebung von
derjenigen zu gewinnen, die vielleicht ihr Fluch so
früh aus der frühlingsgrünen Welt gerissen.

Wieder erinnerte sie sich des sonnenhellen Glanzes,
mit dem die Augen dieser Entschlafenen in die Lienhards gestrahlt. Sie waren die reinen Spiegel des
beweglichen scharfen Geistes und der unschuldig liebreichen Seele dieses seltenen Kindes gewesen. Jetzt
hatte der Tod sie gebrochen, und Julianens Ende war

ſchmerzlich geweſen. Das hatte die blaſſe Stickerin
dort verſichert, das verriet der wehe Zug an dem
ſüßen, kleinen Munde, der dem wunderſchönen, zarten,
ruhenden Geſichtchen einen ſo rührenden Ausdruck
verlieh. Wenn die Lebende den eigenen jungen Witz
mit dem eines Erwachſenen gemeſſen, hatte dies An-
geſicht den Stempel vorzeitiger Reife getragen, jetzt
war es das eines unter Schmerzen entſchlafenen,
liebreizenden Kindes.

Das empfand auch Kuni, und ſie frug ſich, wie
es denn möglich geweſen ſei, daß ſich ihr Herz
um dieſer elfjährigen Kleinen willen einem ſo heiß
brennenden Haſſe geöffnet.

Aber war dieſe Juliane denn wie andere Kinder
geweſen?

Nein, nein!

Mit ſolchem Gepränge, mit ſo tiefer, alle Herzen
bewegender Trauer hätte man keine Kaiſertochter in
ihren Jahren auf den Friedhof begleitet.

Das Kleinod einer ganzen, großen Stadt war
ſie geweſen. Das verkündete auch mancher lateiniſche
und griechiſche Spruch auf den Tafeln in der Hand
der Freunde des großen Humaniſten, der ſie mit
frohem Stolz ſeine Tochter genannt.

Kuni konnte nicht leſen; wenigſtens den einen

Satz hörte sie aber einen Benediktiner der Nonne neben ihm ins Deutsche übertragen:

„Der geht am schönsten dahin, dessen Tod zum Weinen zwingt, wer ihn kannte." *)

Wenn das zutraf, dann freilich war das Ende Julianens köstlich gewesen; denn ihr selbst, der sie nur begegnet war, um ihr wehe zu thun, hatten sich die Augen gefeuchtet, und wohin sie blickte, sah sie Thränen vergießen.

Dabei konnten die meisten hier am Saume der Straße der Entschlafenen gar nicht nahe gekommen sein. Aber die schwarzgekleideten Trauernden dort, die der Bahre folgten, das waren ihre Eltern, ihre Geschwister, die nächsten Verwandten, das waren die Herren vom Rate, das die Dienerschaft ihres Hauses. Und sie, die elende, leichtfertige, sündhafte, lahme Gauklerin, nach der keine Seele auf Erden frug, deren Tod keinem Auge auch nur eine Zähre entlockt hätte, für die ein baldiges Ende die höchste Wohlthat gewesen wäre, sie trug vielleicht Schuld an dem zu frühen Versiegen dieser reinen Freuden-quelle, die so viele Herzen erfrischt und mit schönen Hoffnungen belebt hatte!

---

*) Seneca, Hippol. 881.

Die hohe Frau, der der dichte Schleier das edle
Antlitz und die majestätische Gestalt umfloß, war die
Mutter Julianens, — und sie hatte der siechen Seil-
tänzerin in ihrem reichen Hause Unterkunft geboten.

„Wär' ihr nur bewußt gewesen,“ sagte sich Kuni,
„was ich ihrem holden Herzblatte anthat, mit Hunden
hätte sie mich lieber von der Schwelle gehetzt.“

Dabei nahm sie trotz des Schleiers, der die vornehme Gestalt der beklagenswerten Frau rings um-
wallte, wahr, wie sich ihr die Brust in schmerzlichem
Schluchzen hob und senkte. Dies Leid länger mit
anzuschauen, schien ihrem mitleidigen Herzen unmöglich. So bedeckte sie denn das Gesicht mit den
Händen, kehrte laut aufweinend dem Leichenzuge den
Rücken und hinkte, so schnell die verstümmelten Füße
es zuließen, weiter. Dabei sagte sie sich erst, daß
sie von allen Sünderinnen die schlimmste, weil sie
die Verstorbene böslich verflucht und Tod und Verderben auf sie herabgewünscht hatte, bald aber hörte
sie wieder auf die Stimme, die ihr zurief, daß sie
keinen Grund habe, sich um den Hingang Julianens
.zu grämen und sich durch Reue und Selbstanklagen
ihr ohnehin garstiges Leben vollends verderben zu
lassen; trug die Verstorbene, und sie allein doch Schuld
an ihrem entsetzlichen Sturze. Aber die trotzige Auf-

lehnung gegen das Schuldbewußtsein, das sie so tief
ergriff, fand, so oft sie das Haupt erhob, immer
ein jähes Ende; denn das eine stand fest: Hatte ihre
Verwünschung des harmlosen Kindes, das mit Wissen
und Willen nichts an ihr verschuldet, den Tod
Julianens wirklich herbeigeführt, dann war ein Leben
nicht lang genug, um zu sühnen, was sie verbrochen.
Aber was hätte sie noch gut machen können, nach=
dem der Tod, den sie gerufen, seine furchtbare Henker=
arbeit verrichtet?

„Nichts, gar nichts!“ sagte sie sich unwillig und
faßte, wie schon so oft mit besserem Glück, den Vor=
satz, das Geschehene zu vergessen, das Vergangene
zu den Toten zu werfen und wie früher nur der
frischen Gegenwart zu leben. Doch bevor sie noch
versuchen konnte, Ernst mit diesem Entschlusse zu
machen, stellte sich ihr das Bild der großen, gebeug=
ten, in Kummer vergehenden Frau, die Juliane ihr
liebes Kind genannt, vor die Seele. Dabei war es
ihr, als lähme eine schwere, kalte Hand dem leichten
Sinne, der sie früher über so vieles gefällig fort=
geschwungen, die Flügel. Dann sagte sie sich auch,
daß sie, um nicht selbst zu Grunde zu gehen, was es
auch sei, für das Heil der Verstorbenen und die eigene,
schwer belastete Seele geloben, opfern, auf sich nehmen

müsse. Zum erstenmale erfaßte sie die Sehnsucht, sich einem andern anzuvertrauen. Ja, wäre Lienhard erreichbar und geneigt gewesen, sie anzuhören, er hätte sie verstanden und ihr das Rechte geraten.

Daß er nicht zu ihr aufgeschaut, während sie den verhängnisvollen Sprung gewagt, ging ihr freilich immer noch nach. Verletzender hätte er ihr nicht zeigen können, wie wenig er nach ihr fragte, — aber vielleicht hatte er doch unter dem Bann eines Zaubers gestanden; denn sie mußte ihm ja etwas gelten! Das war kein eitler Selbstbetrug; denn hätte es sich anders verhalten, wär' er dann in eigener Person an ihr Schmerzenslager getreten, hätt' er sich sonst nach dem Sturze so freundlich um sie gesorgt?

Schon im Kloster war sie zu der Ueberzeugung gelangt, daß es sie entwürdige, des Mannes weiter zu gedenken, der ihr für die heißeste Minne nichts bot als ein Almosen in klappernden Hellern; das arme Herz aber wollte trotz alledem nicht von der Sehnsucht nach ihm lassen. Dabei wurde sie nicht müde, nach Gründen zu suchen, die sein Verhalten in ein freundlicheres Licht rückten. Was er ihr auch vorenthalten haben mochte, der beste und edelste aller Menschen blieb er darum dennoch, und während sie ziellos weiter hinkte, festigte sich in ihr die Ueber-

zeugung, sein bloßer Anblick würde die Nebel zer=
streuen, die an diesem sonnigen Frühlingstage alles
in ihr und um sie her zu verschleiern schienen.

Doch er weilte ja fern von hier, und ihn auf=
zusuchen kam ihr schmählicher vor, als am Pranger
zu stehen.

Aber die Wallfahrt nach Compostella, von der
ihr der Beichtiger im Kloster geredet? Gerade weil
er sie als unausführbar für sie geschildert, wurde
sie ihr vielleicht im Himmel hoch angerechnet und gab
ihr hienieden die verlorene Ruhe zurück. Diesen Ge=
danken spann sie weiter aus, während sie sich der
Herberge näherte. Dort fand sie auch ein Plätzchen
zum Schlafen und einen Fuhrmann, der sie über=
morgen um ein Pfund Heller bis an die See führen
wollte. Andere Wallfahrer hatten sich, um nach
Corunna, dem Hafen von Compostella, zu gelangen,
gleichfalls in Antwerpen eingeschifft, und ihre Mittel
genügten für solche Seefahrt. Diese Gewißheit be=
ruhigte sie einigermaßen so lang sie unter ihres=
gleichen weilte. In der Nacht fand sie indes keinen
Schlaf; denn wieder und wieder trat ihr das Bild
des verstorbenen Kindes mit greifbarer Deutlichkeit
entgegen. Aus den weißen Kissen im Sarge erhob
es sich, drohte ihr mit dem Finger oder wies weinend

und klagend auf die Flammen — gewiß die des
Fegefeuers — nieder, die zu ihr auflohten und schon
den Saum ihres Totenhemdchens erfaßten.

Wirren Hauptes erhob sich Kuni nach Sonnen=
aufgang. Sie wollte in die heilige Messe und in
der Kirche einige der Paternoster, die ihr der Beicht=
vater auferlegt hatte, abbeten, bevor sie die Wall=
fahrt antrat, damit die heilige Jungfrau ihren guten
Willen erkenne.

Mit dem schlichten Rosenkranze, den ihr die Aeb=
tissin geschenkt, am Handgelenke machte sie sich auf
den Weg zu der neuen St. Ulrichskirche; als sie
aber den Wein= und Salzstadel hinter sich gelassen,
bemerkte sie vor dem Gotteshause einen großen Auf=
lauf und erkannte unter den zusammengeströmten
Leuten ihre Leidensgenossin aus dem Kloster, die
Badehauswirtin, die von den Brandwunden genesen.

Sie hatte ihr Geschäft verlassen, um Ablaß für
die eigenen Sünden und für die Seele des verstorbenen
Eheherrn, dessen Beichte auf dem Sterbelager gar
lange gewährt hatte, zum letztenmale, doch diesmal
gleich für viele Jahrhunderte, Erlösung aus dem
Fegefeuer zu erkaufen. Der Dominikaner Tetzel aus
Nürnberg war hier mit seinem Kasten und führte
Verschreibungen mit sich, die sicheren Ablaß für alle,

9*

auch für längst begangene und später zu begehende
Sünden gewährten. Die Wirtin hatte selbst er=
fahren, welche Kraft seine Zettel besaßen. Ein Jahr
nach dem Tode ihres Mannes war Tetzel schon ein=
mal nach Augsburg gekommen; sie aber hatte, weil
ihr bewußt war, wie so manchen Fehltritt er be=
gangen, in den Beutel gegriffen, um ihn aus den
Flammen zu befreien. Die mußten ihn heiß brennen;
denn in schlaflosen Nachtstunden und im Traume
hatte sie ihn oft recht jämmerlich wimmern und klagen
hören. Nachdem sie aber den Zettel gekauft, war
er still geworden, und in der dritten Nacht hatte sie
ihn mit leiblichen Augen vor sich hintreten sehen,
und ihr, zum Dank für ihr treues Gedenken, ein
großes Glück verheißen hören. Schon am nächsten
Sonntag sei denn auch der Badermeister Veit Hasel=
nüß, ein wohlbehaltener Mann, der außer seinem
Wohnhause noch ein anderes besaß, zu ihr gekommen,
um sie zu einem Spaziergang ins Freie mit ihm und
den Seinen zu laden. Da hätte sie gleich gewußt,
daß ihr Seliger ihr mit selbigem Besuche seine Dankes=
schuld abzuzahlen beginne, und wirklich hätte auch
schon um weniges später der wackere Meister sie zur
Hausfrau begehrt, trotz ihrer drei Kleinen und ob=
wohl ihm die älteste Tochter von der ersten Frau

schon im Haushalte helfe. Am heiligen Pfingsttage
sei die Hochzeit, und dies große Glück schulde sie
ganz allein dem Ablaßzettel, der die Seele des Verstorbenen aus dem Fegefeuer befreit und ihn veranlaßt habe, sich ihr dankbar zu erweisen.

Kuni folgte dem schnellen Redeflusse der Wirtin,
bis sie selbst ihm Stillstand gebot, um auf den Pater
in der schwarzen Kutte neben dem Kasten zu hören.

Eben legte er mit hoch erhobener Stimme den
Umstehenden ans Herz, von dem schnöden Geize, der
die Pfennige sammelt, zu lassen. Nun es noch an
der Zeit sei, gelte es, für tote Gulden lebendiges Heil
zu erwerben. Wem die Sünde leid sei, der spitze
jetzt das Ohr, dann werde er die Stimme der
jammernden Eltern, Gatten, Geschwister und Kinder,
die ihm vorangingen, vernehmen. Wessen Herz sei
wohl so ganz zum Steine verhärtet, wessen Kargheit trotz aller Freude am Gelde so mächtig, daß er
die Gepeinigten in den Flammen brennen und leiden
lassen möge, da es ihm doch freistehe, durch einen
Griff in den Beutel einen Ablaßzettel zu kaufen,
der sie so sicher aus dem Fegefeuer erlöse wie eine
Gnadenschrift der kaiserlichen Majestät den gefangenen
Dieb aus dem Loche.

Da fiel es Kuni wie Schuppen von den Augen.

Eilfertig drängte sie sich zu dem Dominikaner, der sich eben mit dem Saume des weißen Rockes unter der offenen Kutte die perlende Stirn trocknete.

Hustend und keuchend bereitete er die Stimme zu einer neuen Anrede, öffnete den mit Eisen beschlagenen Kasten und wies die Menge auf die Tafel neben seinem Kopfe, auf der zu lesen stand, daß das durch den Ablaß gewonnene Geld für den Türkenkrieg bestimmt sei.

In fließender Rede erklärte er dann den Umstehenden, dies bedeute, der heilige Vater in Rom gedenke den Erzfeind der Christenheit in die Steppen und Wüsteneien des Landes Asia zurückzutreiben, wohin er gehöre. Um dies dem Herrn genehme Werk zu Ende zu führen, sei die Kirche bereit, des Gnadenschatzes, der ihr anvertraut sei, verschwenderisch zu walten. Billiger als bei dieser Gelegenheit sei die Erlösung aus dem Fegefeuer noch nie zu erkaufen gewesen. Dann griff er mit der kleinen, fleischigen Hand, an der etliche kostbare Ringe blitzten, in den Kasten und hielt den Umstehenden ein Päckchen Zettel wie ein geöffnetes Kartenspiel entgegen.

Da faßte Kuni Mut und fragte, ob sie auch die Kraft besäßen, den Fluch von einer Verwünschten zu lösen. Dies bejahte Tetzel eifrig und fügte hinzu,

er führe Zettel, die die Seele von jeder Schuld weiß
wüschen wie die Seife eine rußige Hand, auch wenn
es statt „Fluch" „Vatermord" hieße. Die kostbarsten
besäßen die Kraft, auch im heißesten Fegefeuer schmo-
rende Teufelsbraten in die Freuden des Paradieses
zu befördern, wie der Sperling dort sich eben aus
dem Staube der Straße auf den Ulmenzweig schwinge.

Nun frug Kuni schüchtern nach dem Preise eines
Zettels, doch der Dominikaner bedeutete sie salbungs-
voll, sie verkauften sich nicht wie die Hellerwecklein
beim Bäcker; je schwerer die Sünde, desto höher die
zu zahlende Buße. Allem voran müsse sie sich zu
aufrichtigem Leid über das Geschehene bekennen und
ihm berichten, wie sie trotz ihrer jungen Jahre in
so schwere Schuld geraten. Da versicherte Kuni, sie
bedaure längst aufs schmerzlichste, was sie gefehlt,
und begann dann dem Tetzel zuzuraunen, wie sie
dazu gekommen, einen Mitmenschen zu verfluchen.
Für sich selbst begehre sie nichts. Es komme ihr
nur darauf an, die Verwünschte aus dem Fegefeuer
und von dem Fluche zu befreien, der durch ihre
Schuld die Seele der Verstorbenen belaste. Doch der
Dominikaner hatte ihr nur unaufmerksam zugehört, und
da noch viele, die es nach Ablaß verlangte, seinen
Kasten umstanden, unterbrach er Kuni, indem er ihr

einen Zettel anbot, den er auf den Namen der Ver=
fluchten — Juliane Peutingerin, wenn er recht ge=
hört — ausstellen werde.

Aehnliche Fälle schienen ihm geläufig zu sein;
der Preis aber, den er darauf forderte, war so hoch,
daß Kuni vor Schreck erblaßte.

Aber sie mußte die erlösende Schrift haben, und
Tetzel ließ mit sich handeln, nachdem sie versichert,
nicht mehr als fünf Pfund Heller und dazu das
Viatikum des Klosters zu haben. Außerdem beteuerte
sie, daß sie schon mit dem Fuhrmanne wegen der
Fahrt an die See einig geworden.

Das ließ jedoch der Dominikaner nicht gelten,
da der Zettel die Wallfahrt nach Compostella un=
nötig mache. Indem er die Verwünschte aus dem
Fegefeuer erlöse, sei auch sie der Schuld ledig, der
sie sich zeihe. Mit harter Entschiedenheit bestand er
darauf, die ganze Summe, die sie besaß, fordern
zu müssen. Ueberhaupt könnte er es nur so billig
thun, weil ihr Antlitz und ihr lahmer Fuß verrieten,
daß es ihr bestimmt sei, schon hienieden einen Teil
der ewigen Qual abzubüßen.

Da gab Kuni nach. Der Zettel wurde auf den
Namen Julianens ausgestellt, und sie gab ihre Not=
pfennige heraus. Dann kehrte sie, nun erst ganz

bettelarm, aber doch erleichterten Herzens, mit der
kostbaren Schrift unter dem Brusttuch, in die Herberge
zurück. Dort aber weigerte sich der Fuhrmann, sie
ohne den Lohn, den sie ihm zugesagt, aufsitzen zu
lassen, und der Wirt verlangte Zahlung für das
Quartier und das Wenige, das sie genossen.

Sollte sie in das Kloster zurück und das Sümm-
lein einfordern, das Lienhard dort für sie hinterlegt?

Der Kampf war schwer; endlich aber siegte dennoch
der Stolz. Sie entsagte der wohlgemeinten Gabe
ihres einzigen Freundes. Wenn die Aebtissin ihm
das Geld zurückerstattete, mußte er erfahren, daß sie
keine Bettlerin war und seine Schuldnerin zu sein
verschmähte. Fragte er sich dann nach dem „Warum?“,
würde er die rechte Antwort schon finden. Mit
klaren Worten gestand sie es sich nicht ein, doch sie
wollte sich bewußt bleiben, diesem e i n e n Manne,
mochte er ihrer begehren oder nicht, ihres Herzens
beste Minne ohne Entgelt, nur weil es ihr so gefiel,
geschenkt zu haben. Endlich kam ihr auch in den
Sinn, daß sie doch noch etwas Wertvolles besaß.
Sie hatte nicht früher daran gedacht, weil es ihr zu=
gehörig gewesen war wie Augen und Mund, und es ihr
ganz unmöglich gedünkt hatte, sich davon zu trennen.
Es war ein ziemlich schwerer goldener Ring, mit

einem funkelnden Rubinstein in der Mitte. Sie hatte
ihn ihrem Vater vom Finger gezogen, nachdem er
den tödlichen Sprung gethan und man sie zu seiner
Leiche gerufen. Sie wußte nicht einmal, ob er den
Reifen von ihrer Mutter, die sie nie gekannt, als
Trauring bekommen, oder woher er sonst stammte.
Aber sie hatte gehört, daß er von beträchtlichem
Werte, und als sie sich aufmachte, um ihn zu ver=
kaufen, fiel es ihr nicht sonderlich schwer, sich von
ihm zu trennen. Es war ihr, als versehe der Vater
sein armes Kind aus dem Grabe heraus mit den
Mitteln, deren es bedurfte, um das Leben weiter zu
fristen.

Im Kloster hatte sie von dem Goldschmiede
Gräslin reden hören, der der Kapelle einen silbernen
Reliquienschrein gestiftet. Zu ihm ließ sie sich führen.
Als sie vor dem stattlichen Giebelhause stand, das
er bewohnte, erschrak sie. Anfänglich empfing er sie
auch streng und abweisend genug; sobald sie sich
ihm aber als die gestürzte Seiltänzerin zu erkennen
gab, erwies er sich als ein freundlicher alter Herr.

Nachdem ein Stadtknecht bestätigt, daß sie die
Wahrheit gesagt und eben erst aus dem Kloster
entlassen worden sei, zahlte er den vollen Wert
und legte noch einen Gulden aus Mitleid und aus

Wohlgefallen an dem immer noch herzgewinnenden Blick ihrer glänzenden blauen Augen hinzu.

Compostella war indes weit. Für die Hinfahrt genügte ihr neuer Besitz. Wie aber kam sie wieder zurück? Dazu quälte der Husten sie sehr, und es war ihr, als würde sie die lange Wanderung so ganz allein nicht überstehen. Der Ablaßkrämer hatte ja auch gesagt, daß der Zettel die weite Wallfahrt unnötig mache, und der Beichtvater im Kloster ihr nur anbefohlen, nach Altötting zu pilgern. Mit diesem nahen Ziele vor Augen kehrte sie denn auch am nächsten Morgen Augsburg den Rücken.

Ihre Hoffnung, unterwegs mitleidigen Landleuten zu begegnen, die sie aufsitzen lassen würden, ging auch in Erfüllung. Schneller als sie gedacht, kam sie nach Altötting.

Während der Fahrt, bald auf einem Bauern= fuhrwerk, bald auf einem Frachtwagen, hatte sie viel an die kleine Juliane gedacht, und immer ruhigen, ja zufriedenen Herzens. In der berühmten alten Wallfahrtskirche fiel ihr dann ein Bild ins Auge, auf dem nackte Kinderseelen sich aus dem Feuer, das sie umlohte, dem Himmel entgegenschwangen.

Der Beichtiger hatte sie an die rechte Stelle gewiesen.

Hier besaß ein brünstiges Gebet die Kraft, die Erlösung einer Kinderseele aus dem Fegefeuer zu bewirken. Viele andere Votivbilder, die Pilgerinnen in der Herberge und ein Priester, den sie befragte, bestätigten es. Sie hörte hier auch von verschiedenen Seiten, daß sie den Ablaßzettel nicht zu teuer bezahlt. Das stärkte ihr den Mut, und von nun an, ja auch noch in der Zeit des schweren Elends, dem sie später anheimfiel, segnete sie tausendmal den Entschluß, dem Dominikaner Tetzel die erlösende Schrift abgekauft zu haben; denn täglich meinte sie ihre Kraft zu verspüren.

So oft ihr die Bekränzte wieder erschien, zeigte sie ihr ein freundliches Antlitz, ja einmal schwebte sie ihr, als wollte sie ihr danken, in Gestalt eines schönen Engels mit großen weißen und rosenroten Flügeln im Traume entgegen. Die Erinnerung an ihre gräßliche Verwünschung der Kleinen brauchte sie nicht mehr zu fürchten. Auch Lienhards konnte sie wieder gern gedenken. Wenn er in jener Welt erfuhr, wie sie gut gemacht, was sie an seinem kleinen Lieblinge verschuldet, war sie seines Lobes gewiß.

Gering geschätzt, ja, verachtet zu werden, gehörte zu ihrem Stand wie das Wandern. In ihrer Kunst hatte sie wohl nach Beifall getrachtet; für die eigene

Person indes nur nach raschem Lebensgenuß, seitdem sie erfahren, wie wenig sie dem einzigen galt, nach dessen Urteil sie fragte. Von ihm hochgeschätzt zu werden, hätte sie nie erwarten dürfen, schon weil ihre Kunst ihn so gleichgiltig ließ, daß er es nicht einmal für wert der Mühe gehalten hatte, die Augen nach dem Seile zu erheben. Aber trotzdem wollte ihr die Vorstellung, daß er sie mit ihresgleichen in die nämliche Reihe stellte, unerträglich erscheinen. Das aber brauchte sie nicht mehr zu besorgen, und wenn sie sich ins Gedächtnis zurückrief, daß sie auch die äußerste Not nicht hatte bewegen können, nach seinem Almosen zu greifen, hätte sie in allem Elend vor Freude aufjubeln mögen. Die Ueberzeugung, einer, und zwar der beste und edelste von allen, würde sie zwar für ein armes, unglückliches Mädchen, nie und nimmer aber für ein der Verachtung wertes Geschöpf halten, war der Balken, an den sie sich klammerte, wenn die salzigen Wogen ihres jammervollen, ruhe- losen Daseins über ihr zusammen zu schlagen und sie zu ersticken drohten.

Da der beunruhigten Seele Kunis die Wall=
fahrt nach dem kleinen Altötting so viel ge=
währt hatte, hoffte sie noch weit mehr von einem
Besuche des in der ganzen Christenheit hochberühmten
Santiago di Compostella.

Ihr alter Meister Loni, dem sie zu Regensburg
begegnet war, hatte ihr zwar gestattet, sich mit an
seine Bande zu schließen, als sie aber gewahrte, daß
es ihm weit weniger gut ging als früher und daß
sie sich ihm in keiner Hinsicht nützlich machen konnte,
verließ sie ihn zu Köln, weil ein gutmütiger Schiffs=
herr ihr dort angeboten hatte, sie umsonst nach
Vlissingen mitzunehmen. Dort hatte sie die Wall=
fahrt nach Santiago di Compostella in der That
angetreten; doch der heilige Jacobus, der Schutz=
patron der Spanier, dessen nie müde Gnade ihr so
viele gerühmt, erwies sich ihr nicht sonderlich günstig.
Die Fahrt nach Compostella, der Hauptstätte seiner

Verehrung, die alljährlich Zehntausende von Pilgern anzog, kostete sie die letzten Heller, und der Husten steigerte sich in den kalten Nächten, die sie auf dem Verdeck zubringen mußte, zu unerträglicher Heftigkeit.

In Santiago di Compostella waren ihre Mittel so erschöpft wie ihre Kräfte. Nachdem sie eine Zeit lang vergebens auf einen Beweis der hilfreichen Güte des Heiligen gehofft, blieb ihr nur zweierlei übrig. Entweder mußte sie sich bequemen, in Com= postella zu bleiben und sich dort zu den Bett= lerinnen an der reich bevölkerten Wallfahrtsstraße zu gesellen, oder dem Vorschlage des zungenlosen Cyriax folgen und sich von ihm nach Deutschland zurückführen lassen. Anfänglich hatte sie sich vor dem wüsten Gesellen, der sich von seinem Weibe an der Kette führen ließ und den Wahnsinnigen spielte, gefürchtet; als die rote Gitta aber einmal von der Hermandat aufgegriffen und zwei Tage und Nächte im Gefängnis zurückgehalten worden war und Kuni an ihrer Stelle ihres Kindes gewartet, hatte sie ihn freundlicher gefunden. Die Stimmung des Fluchers war aber auch zu Compostella die beste gewesen. Jeder Tag hatte ihm den Beutel gefüllt, weil es an Menschen nicht fehlte und er es gut verstand, sich durch gräßliche Ausbrüche seiner erheuchelten

Krankheit und die Angst, die sie den dicht zusammen=
gedrängten Wallfahrern einflößte, Geld zu erpressen.
Seine Gefährtin gab, wenn er tobte, vor, ein Mittel
zu besitzen, ihn sofort zu beschwichtigen, doch sei es
teuer, und es fehle ihr an Geld, es erneuern zu
lassen. Wie zu Compostella hatten sich auch auf der
weiten Fahrt von Bayern aus durch die Schweizer
Berge, durch Frankreich, Navarra und das ganze
nördliche Spanien immer Gutherzige oder Eingeschüch=
terte gefunden, von denen das Geld für die „teuere
Arznei" zusammengeschossen worden war.

Ein mit einem Esel bespannter Karren hatte dem
würdigen Paare sein Kind nachgeführt. Das war,
als Kuni ihm zu Compostella begegnete, ein schwäch=
liches Mädchen von zwei Jahren mit einem über=
großen Kopfe und dünnen, völlig verkümmerten Bein=
chen gewesen, das dazu stumm zu sein schien, weil
es den Mund nur gebrauchte, um zu essen und eine
Lippenbewegung hervorzubringen, die wie „Bebe"
klang. Diese Laute erklärte Cyriax für einen Ruf,
der „Papa" bedeute. So riefen vornehme Kinder
den Vater, und er gelte ihm allein, weil das Mägd=
lein von seiner Art sei und ihn vor allen anderen
ins Herz geschlossen habe. Er glaubte auch wirklich
daran, und das Stammeln des blassen Lippenpaars

der gebrechlichen Kleinen gewann ihr die zärtliche
Liebe des wüsten Gesellen.

Er, der die Gefährtin im Rausche bis aufs Blut
mißhandelte und grausame Unthaten in Fülle be=
ging, zitterte, weinte und konnte mit frommer In=
brunst beten, wenn — was nicht selten geschah —
das elende kleine Geschöpf, von Krämpfen geschüttelt,
den Geist aufzugeben drohte. Nicht nur weil die
Wallfahrt nach Compostella guten Gewinn verhieß,
sondern auch um dem heiligen Jacobus die Heilung
seines Kindes ans Herz zu legen, hatte er die weite
Reise an das „Weltende" unternommen. Seinem
„süß Julilein" zu liebe und um für sie eine ganz
von ihm abhängige, billige Pflegerin zu gewinnen,
belud er sich auch mit der lahmen Seiltänzerin.
Uebrigens brauchte er es nicht zu bereuen; denn die
rote Gitta, seine Gefährtin, hatte mit seiner Führung
an der Kette und mit dem Ansprechen der Leute genug
zu thun; Kuni aber gab sich mit seltener Treue der
Wartung ihrer Pflegebefohlenen hin, flickte, was
Vater, Mutter und Kind zerrissen, so gut oder
schlecht sie es konnte, und war Gitta auch beim
Kochen zur Hand.

Wohl verdiente die gebrechliche, eigenwillige kleine
Kranke gewiß nicht den Namen eines „süßen" Kindes;

Kuni aber widmete sich ihm dennoch mit warmer, fast leidenschaftlicher Hingabe.

Dem Vagabundenpaar entging dies mit nichten, und im ganzen war es ihm genehm. Wenn es Cyriax auch zum Aergerniß gereichte, als das Julilein begann, die Wärterin ihm selbst deutlich genug vor= zuziehen, ließ er sie doch gewähren, weil die Lahme das Kind bei schweren Krampf= und Fieberanfällen wie das eigene pflegte und ihm gern auch die Nacht= ruhe opferte. Manchmal freilich sprach er in Kunis Gegenwart laut genug von dem Hexenträuklein, das die lahme Krix seinem Kinde, dem er mehr als alles gegolten, in den Brei mische, um es ihm zu ent= fremden und an sich zu fesseln.

Aber Kuni achtete dieser kränkenden Rede nur wenig; wußte sie doch selbst am besten, daß sie sich die Liebe der Kleinen durch ganz andere Mittel als „schwarze Künste" gewann. Weit eher noch — sie selbst fühlte es nur dunkel — hätte man dem siechen Kinde vorwerfen dürfen, einen geheimnißvollen Zauber auf sie zu üben. Seinen Namen „Julie" — es dankte ihn seinem Kalenderheiligen — und „Juliane" hielt Kuni für ein und dasselbe. Dazu hatte die Tochter des Vagabunden mit der verstümmelten Zunge wenige Tage nach dem Tode der kleinen

Peutingerin das Licht erblickt, und dieser Umstand
war Kuni, als sie Kenntnis von ihm erlangte, be=
deutungsvoll erschienen. Bald nach ihrer Vereinigung
mit dem Landstreicherpaare hatte sie nämlich dem
Gespräche zweier fahrenden Schüler das Ohr geliehen
und dabei seltsame Dinge erfahren. Der eine war
der Meinung gewesen, die alten Weisen hätten recht,
wenn sie lehrten, die Seele eines Verstorbenen setze
ihr Dasein in anderen belebten Kreaturen fort; habe
doch zum Exempel der große Pythagoras sicher
gewußt und erwiesen, daß die seine vor Zeiten in
der Brust des Helden Palamedes gewohnt.

Diese Behauptung war der Seiltänzerin nach=
gegangen. Bei anderen Bacchanten*) hatte sie sich
darum nach diesen Dingen näher erkundigt und die
Lehre von der Seelenwanderung bestätigen hören.
Dadurch war sie bei mancher einsamen Fahrt in dem
langsam dahinrollenden Karren auf den Gedanken ge=
kommen, in der blöden Julie sei die Seele Julianens
zu neuem Leben erstanden. Ueber das Wie? und
Warum? zerbrach sie sich keineswegs den Kopf.
Was ein Einfall gewesen war, wuchs nur nach und
nach in ihrem stets auf das gleiche Ziel gerichteten

———————

*) Fahrende Schüler.

Geiste zur festen Ueberzeugung heran. Endlich glaubte
sie bestimmt zu wissen, was sie dem Kinde des Cyriax
thue, das komme der Seele der früh verstorbenen
kleinen Augsburgerin zu gute, der ihr gottloses Gebet
auf dem Seile das Dasein gekürzt.

Aber darum hatte sie den Ablaßzettel doch nicht
vergebens gekauft. Ohne ihn, dachte sie, müßte die
Seele Julianens heute noch im Fegefeuer brennen.
Die Schrift des „Inquisitors" Tetzel hatte ihre Kraft
bewährt und sie aus den Flammen erlöst. Für diese
Thatsache klügelte sie sich auch manchen Beweis aus.
So kam ihr eines Tages in den Sinn, das blöde
Julilein sei so arm an Geist, weil Juliane in den
kurzen Jahren ihres Lebens von dem ihren mehr
als billig verbraucht.

Auch das war anfänglich nur ein Einfall gewesen; treu ihrer Art kam sie jedoch auf dem Karren,
den sie allein mit dem Kinde teilte, immer und immer
wieder auf ihn zurück, bis auch er zur unumstößlichen
Ueberzeugung herangereift war. An festen Glaubens-
sätzen hatte sie sich während ihres bewegten Vaga-
bundenlebens niemals gehalten. Seit aber die Meinung in ihr erwacht war, Lienhard danke ihr für ihre
Liebe, indem er auch ihr einen Anteil, wenn auch nur
einen kleinen, an seinem Herzen gewähre, hatte sie

allen Abweisungen und der kränkenden Gleichgiltigkeit
zum Trotz, mit der er ihr begegnet war, zäh an ihr
festgehalten. Auf dem Krankenlager und als Ge=
nesende war sie der Befürchtung, ihr frevelhaftes
Gebet würde die kleine Bekränzte verderben, so lange
nachgehangen, bis sie sich sagen durfte, die Er= .
eignisse hätten sie bestätigt. Mit der nämlichen Festig=
keit meinte sie jetzt, was die Herkunft der Seele des
Julilein anging, das Rechte gefunden zu haben.

In dem leidenschaftlichen Verlangen, an der
Patriziertochter gut zu machen, was sie an ihr ver=
schuldet, zog sie darum das Vagabundenkind mit der
Liebe der treusten Mutter ans Herz, und ihre zärt=
liche Sorge kam ihr selbst wie dem siechen Mägdelein
zu gute. Wie ein anhängliches Hündchen war Juli=
lein ihrer Kuni ergeben. Was die lahme Seiltänzerin
dem Vagabundenkinde Freundliches erwies, das gab
es ihr durch tausend Beweise der wärmsten Zuneigung
verschwenderisch zurück.

So hatte denn Kuni ein Herz gefunden, das
alles für sie bereit hielt, was es an Liebe umschloß,
ein Wesen, das ihrer nicht zu entraten vermochte,
eine zarte Menschenpflanze, der sie sich nützlich und
hilfreich erweisen durfte und konnte bei Tag und
bei Nacht.

Nach und nach erstarkte Julilein denn auch an Leib und Seele unter der Wartung einer so treuen Pflegerin. Die Wangen der blassen Kleinen begannen sich zu röten. Krämpfe und Fieber stellten sich seltener ein. Außer dem leisen „Bebe" lernte sie „Duni" (statt Kimi) lallen, und später auch „Mutter" und manches andere Wort sagen. Endlich sprach sie nur wenig unbeholfener als andere Kinder ihres Alters. Das alles bot der Lahmen eine Fülle von süßen Freuden, die ihr neu waren und ihr das Herz so wohlthätig erwärmten, daß sie, trotz des Hustens, der ihr manche Tages= und Nachtstunde verdarb, bei der Heimfahrt mit dem wilden Flucher Cyriax, von der sie das Schwerste erwartet, sich glücklicher fühlte als in den Glanztagen ihres Künstlerruhmes. Wohl frug sie sich, als sie sich Deutschland näherten, manchmal, was Lienhard von ihr denken würde, wenn er sie in solcher Umgebung, als Genossin eines so verworfenen Paares, wiederfände; doch der Schauder, der sie dabei überkam, wandelte sich in wohlthuende Zufriedenheit bei dem Gedanken, daß er ihr Thun billigen, ja loben würde, wenn sie ihm das Kind zeigen und ihm mitteilen durfte, was sie aus ihm gemacht.

So war es bis vor zwei Monaten fortgegangen.

Da hatten zu Schaffhausen ihren kleinen Liebling
plötzlich heftige Krämpfe ergriffen, und nur zu schnell
war der schwache Geist zur ewigen Ruhe gelangt, den
ihre Liebe so mühevoll und treu aus dem Schlummer
geweckt. Einen gleich bitteren Schmerz hatte sie noch
kaum in ihrem leidvollen Dasein erfahren. Als sie
die Aeuglein zudrückte, die ihr so oft und so zärtlich
in das blasse Antlitz geschaut, war es ihr, als hätten
Sonne, Mond und Sterne den Glanz verloren und
als sei es von nun an über sie verhängt, in lauter
trübem Dämmerlicht zu leben.

Und wie entsetzliche Tage waren dem Tode des
Kindes gefolgt! Als sei er dem Wahnsinne, der ihm
das Brot erbetteln half, wirklich verfallen, hatte
Cyriax getobt. Dazu ergab er sich von nun an
zügellos dem Genuß des Branntweins, und in der
Trunkenheit war er zu den wüstesten Bubenstreichen
fähig. Die Mutter der Verstorbenen, die, trotz einer
lasterhaften Jugend und eines weiten Gewissens,
nicht zu den Schlechtesten gehörte, hatte das Schwerste
von dem ruchlosen Gefährten zu erdulden.

Mit wildem Ingrimm erfüllte ihn der Schlag,
der ihn getroffen, und es lüstete ihn, jedem, der ihm
in den Weg kam, etwas Schlimmes zuzufügen, damit
auch er empfinde, wie weh das Leid thut.

Der Tod seines „süß Julilein" schien auch die
letzte weiche Stelle in seiner verwilderten Seele ver=
härtet zu haben.

Nur gegen Kuni legte er sich anfangs eine
gewisse Zurückhaltung auf. Wohl frug er bisweilen
die rote Gitta, ohne Rücksicht auf die Anwesenheit
des Mädchens zu nehmen, warum sie sich noch mit
dem unnützen Hinkefuß belüden und Karren und
Esel nicht verkauften. Obgleich es aber keineswegs
an vorteilhaften Geboten auf das gute spanische
Zugtier fehlte, ließ er es dennoch beim Alten. Riß
ihn die in ihm gärende Wut in der Trunkenheit
fort, sie auch Kuni fühlen zu lassen, genügte der
bittende Blick ihrer immer noch großen und ausdrucks=
vollen blauen Augen, mit denen sie auch das klagende
Kind so oft zur Ruhe gebracht, ihn zu besänftigen.

Gestern hatte er der Seiltänzerin zum erstenmal
allen Ernstes mit dem Fortjagen gedroht, und sie
wußte, daß Cyriax zu allem fähig war. Zwar hielt
sein Weib zu Kuni, es vermochte aber nur noch wenig
über den wüsten Gefährten. Bald und leicht konnte
es der des Fußes beraubten Kranken darum begegnen,
an der Landstraße liegen zu bleiben.

Sie hatte Cyriax freilich Ursache zu der Drohung
gegeben. Während des ganzen Tages und auch in

der Nacht war sie mit der unglücklichen Wöchnerin und ihren Zwillingen beschäftigt gewesen und hatte es deshalb mehrmals versäumt, ihm die Branntwein= flasche füllen zu lassen. Das ließ sich indes nicht mehr ändern, und sie war nicht gewohnt, an die Zukunft zu denken. Wozu das Herz sie antrieb, das that sie, mochte daraus entstehen, was da wollte. Ließ Cyriax sie im Stich, dann galt es betteln oder verhungern, wenn der Zufall, der so oft in ihr Leben griff, es nicht anders fügte.

Mit dem Leben des Kindes hatte sich das be= scheidene Glück, dessen Kuni in den letzten Monden genossen, von ihr gewendet, nicht nur weil der Zungen= lose ein anderer geworden war und sie des zärtlichen kleinen Geschöpfes, das sie beschäftigt und ihr das Herz erwärmt hatte, schmerzlich entbehrte, sondern auch, weil die innere Ruhe ihr abhanden gekommen war, deren sie sich bei Lebzeiten ihres Pfleglings er= freut. Die junge Augsburgerin, die sie dem Fegefeuer abgekauft zu haben meinte, erschien ihr nicht wieder, um so öfter aber das Vagabundenkind, und jedesmal, wenn es sich ihr zeigte, klagte es bitterlich und weinte. Die Seele des „süß Julilein" mußte jetzt — mochte sie die Julianens gewesen sein oder nicht — die Qualen des Fegefeuers erdulden, und das schnitt

Kuni um so tiefer ins Herz, ein je liebreicheres An-
denken sie dem kranken Kinde bewahrte.

Die Narbe an ihrem Fuße war wieder auf-
gebrochen, und ein stechender Schmerz quälte sie, seit
sie sich eines schwarzen Pflasters bediente, das ihr
ein Quacksalber zu Singen geschenkt, so grausam,
daß sie, besonders wenn der Husten ihr den ab-
gezehrten Leib erschütterte oder wenn sie auf steinigen
Wegen in dem federlosen Karren hin und her geworfen wurde, um den Verstand zu kommen besorgte.

In Pforzheim hatte ein Bader die Wunde be-
sichtigt, den Kopf geschüttelt, das schwarze Pflaster
einen giftigen Blutverderb gescholten und ihr, da sie
sich weigerte, sich das Bein abnehmen zu lassen, ein
gelbes aufgelegt, das sich nicht besser als das andere
bewährte.

Wenn Cyriax am Abend die Einnahme gezählt,
der roten Gitta seinen Lieblingsspruch: „Die Dummen
sterben nicht aus!" zugerufen, und ihr, Kuni, die
größere Branntweinflasche gereicht, um für ihre
Füllung zu sorgen, hatte sie sich manchmal ein Herz
gefaßt und ihn gebeten, für sein „süß Julilein" doch
einen Ablaßzettel zu kaufen. Die Wirkung sei sicher,
— sie wisse es aus eigener Erfahrung.

Auf solche Mahnung hin hatte er kurz nach dem

Tode des Kindes wirklich mehr als einmal in den
Beutel gegriffen und Geld für einige Kerzen ge=
spendet; für den Kauf des Ablasses war er indes
auch damals nicht zu gewinnen gewesen. Zu dieser
Weigerung hatte ihn keineswegs bloße Kargheit ver=
anlaßt. Kuni wußte auch, was ihn so zäh an dem
Widerstande festhielt; denn in ihrer Gegenwart hatte
er dem pockennarbigen Ratz zugerufen, nicht umsonst
nähme er den Zettel. Wo er hinkäme, dahin ge=
hörten auch die Seinen, und wo er das Julilein
nicht wieder fände, dahin verlange es auch ihn nicht.

An dem Fortleben der Seele nach dem Tode
zweifelte er nicht; aber gerade weil ihm sicher bewußt
war, daß die Pforten des Paradieses ihm selbst in
aller Ewigkeit verschlossen bleiben würden, wollte er
auch nicht dazu beitragen, sie der Verstorbenen zu
öffnen. Wenn ihn die Vorstellung plagte, als
sprängen und schlüpften große Scharen von Mäusen
und Schwaben aus seinen Taschen und dem Wamse
über ihn her, meinte er, sein Ende sei nah. Wenn
dann der Gottseibeiuns Macht über seine Seele ge=
wann, mochten seine Gesellen ihn hinschleppen, wohin
sie wollten, wenn er dort nur das Julilein wieder=
sehen und sie ihr „Bebe“ und „Vatterl“ rufen hören
durfte. Das konnte die Höllenqual, so arg sie auch

sein mochte, schon lindern. Wäre denn eine größere
Narrheit für ihn denkbar gewesen, als sich dieses
Trostes zu berauben, indem er das Kind durch den
Ablaß auf Nimmerwiedersehen in das Himmelreich
versetzte? Zwar hatte er ein stattliches Sümmchen
zusammengebettelt; merkwürdigerweise dachte er aber
nicht daran, auch für sich die Seligkeit damit zu er=
kaufen, um statt im Fegefeuer seinem Kinde im
„Freudenhimmel" wieder zu begegnen. Wäre er reich
gewesen wie die Fugger, das Paradies — er wußte
es — blieb ihm dennoch verschlossen. Er hätte auch
nicht dahin getaugt.

Die Reichen und Ehrbaren waren ihm allesamt
verhaßt. Lieber mit seinem Kinde unter den Gaunern
im Höllenpfuhl als mit jenen in einem prächtigen
Paradiesesgarten, in dem es keinen Branntwein und
keine Landstraße gab, wo das Fluchen verpönt
war und das nur Freuden bot, die für ihn keine
waren.

So mußte Kuni denn das Kind im Fegefeuer
verbleiben sehen, und das that ihr nicht viel weniger
weh als die stechende Wunde.

Beim Eintritt in den Blauen Hecht hatte sie
gemeint, vor Schmerz und innerer Not verzagen zu
sollen. Aber dem übel begonnenen Tage war ein

köstlicher Abend gefolgt; denn sie dankte ihm die
neue Begegnung mit Lienhard.

Von Kind an war sie heimatlos, und jedes Stück
Welt, wohin eine Landstraße führte, ihr Vaterland
gewesen. Dennoch hatte sie in Spanien und auf
dem Rückweg eine nagende Sehnsucht nach Deutschland empfunden; ja, nichts hatte sie mehr geängstigt,
als außerhalb seiner Grenzen eingescharrt zu werden.
In Cölln an der Spree hatte die Mutter, eine Rhein-
länderin, sie während des Jahrmarkts geboren; wenn
aber das Heimweh sie überfiel, waren es immer die
Türme von St. Sebald und Lorenz, die ihr winkten,
hatte sie sich an den Main zurückgesehnt oder an den
reichumgrünten Lauf der Pegnitz. War das geschehen,
weil sie in Nürnberg zum ersten- und letztenmal das
Mitglied eines geordneten Hausstandes gewesen,
oder hatte die Liebe, die, wohin sie der Karren und
Esel des Cyriax auch trugen, ihr Herz immer wieder
in die nämliche alte Stadt zurückzog, ihr diese so
teuer gemacht?

Das mußte es wohl sein; denn gestern hatte es sie
noch heiß nach Nürnberg verlangt; seit sie Lienhard
aber wiedergesehen, freute sie sich, daß sie in Miltenberg und im Blauen Hecht weilte.

Mannhafter, herrlicher denn je, war er ihr dies-

mal entgegen getreten. Angeredet, ihrer Erwiderung
das Ohr geliehen, hatte er sie dazu und sie sogar
mit verschwenderischer Freigebigkeit beschenkt. — Das
sah ihm gleich! Des wäre kein anderer fähig gewesen.

Von seinen drei Goldgulden konnte sie das Leben
lange fristen, wenn Cyriax sie im Stiche ließ, und
doch brannte der unerwartete Reichtum ihr in der
Hand und versetzte sie in Verwirrung. Wußte Lienhard denn nicht mehr, daß sie, was Geld und Gut
hieß, nicht von ihm annahm? Hatte sie die Gewißheit, die ihr das Dasein verschönte, betrogen, — war
es ihr mißglückt, ihm zu beweisen, daß sie etwas
Besseres sei als die anderen fahrenden Dirnen?
Aber nein! Was er ihr gereicht, war mehr, viel
mehr, als selbst ein Fürst dem gemeinen Notleidenden
schenkte. Er mußte sie doch mit besonderem Maße
messen. Wenn er ihr nur das Gold mit einem
gütigen Worte gespendet und es ihr nicht stumm in
den Schoß geworfen hätte! Das machte die Freude an
der Gabe und an dem reichen Besitze halb zu nichte,
das trübte ihr die ohnehin gestörte Ruhe noch tiefer.
Wenn es angegangen wäre, hätte sie ihm das Geschenk zurückerstattet wie das Almosen in Augsburg.
Aber wie wäre das in dem überfüllten Gasthause zu
bewerkstelligen gewesen?

Und doch!

Behielt sie die Gulden, so verlor das Opfer im
Kloster einen guten Teil seines Wertes, so konnte
das leicht die gute Meinung trüben, die ihre Hand=
lungsweise zu Augsburg in ihm erweckt haben mußte.

Eine Zeit lang hatte sie, bevor sie das Gast=
zimmer verließ, die Münzen unter dem Tuche hin
und her gedreht und dabei Cyriax und der roten
Gitta wie im Traume kurz abweisende Antworten
auf ihre Fragen und Forderungen erteilt.

Dann war sie den tafelnden Herren näher ge=
schlichen. Allen Ernstes hatte sie dabei beabsichtigt,
Lienhard sein Geschenk zurück zu erstatten; doch der
Hechtwirt war ihr mißtrauisch gefolgt und hatte sie
zu ihren Leuten zurückgescheucht.

Von dort aus war sie zu der Wöchnerin gerufen
worden und ins Freie getreten. Auf der Wiese am
Main hatte sie die kranke Mutter gefunden und sich
ihr und den Zwillingen mit allem Eifer gewidmet.

Der glühende Kopf und der röchelnde Atem der
Witwe verkündeten nichts Gutes. Sie fühlte auch
selbst, daß es zu Ende mit ihr ging. Die Zunge
brannte ihr. Das Wasser im Kruge war warm und
abgestanden, und doch lechzte sie nach einem frischen
Trunke. Bei Tage hatte Kuni im Würzgärtlein einen

Ziehbrunnen bemerkt. Ungesäumt war sie darum, trotz des schmerzenden Fußes, zu ihm hingeeilt, um kühles Wasser zu schöpfen. Dabei waren ihr auch in der sternenhellen Nacht die roten und weißen Nelken, die sie um Mittag bemerkt hatte, wieder ins Auge gefallen. Das sieche Weib konnte sich sogleich an ihrem Dufte erfreuen und morgen den Blick an ihrem fröhlichen Aussehen weiden.

Sie hatte von Kind an auch selbst immer Freude an Blumen gehabt. Das Stehlen war ihr schon von ihrem Vater als schlecht und gefahrbringend unter= sagt worden. Niemals hatte sie seinem Gebote ent= gegen gehandelt. Als sie den kostbaren Rosenkranz in Nürnberg aufhob, war sie willens gewesen, ihn der Besitzerin zurück zu erstatten. Die Blüten und Früchte, die der Herrgott für alle Welt wachsen und reifen ließ, zu brechen, das war indes etwas anderes und hatte ihr das Gewissen niemals belastet. Sie brach darum sorglos einige Nelken. Drei sollte die Wöchnerin, die schönsten und vollsten Lienhard Gro= land bekommen. Mit dem Gelbe, und zum Zeichen des Dankes für seine Güte, wollte sie ihm die Nelken in die Hand zu spielen versuchen. Während sie sich aber sagte, diese Blumen sollten ihr letzter Gruß an ihn sein, fühlte sie die roten Flecken auf ihren Wangen

heißer brennen. Ach, wenn er die Nelken doch an=
nehmen wollte! Das Grausamste mochte dann kommen,
sie konnte es tragen.

Während sie vor dem Beete kniete, hatte sie der
Aufwärter Dietel gewahrt. Da auch sie ihn bemerkte,
war sie, so schnell die Füße sie trugen, zu der Wöch=
nerin zurückgeeilt und hatte ihr den Krug mit dem
frischen Wasser an die ausgedörrten Lippen geführt.

Das war für die Fiebernde eine köstliche Labsal
gewesen, und als Kuni bemerkte, wie großen Trost
ihr kleiner Dienst der Unglücklichen gewährte, ging
ihr das Herz auf. Wäre es möglich gewesen, hätte
sie, an der nichts lag, sich gern statt der Mutter, von
deren Wohl und Wehe das zweier jungen Leben ab=
hing, auf das Strohlager gelegt.

Wie war das Helfen so schön! Und sie besaß
ja die Mittel, sich hilfreich zu erweisen.

Mit leuchtenden Augen hatte sie darum der Wöch=
nerin die drei Goldgulden in die heiße Hand gezählt
und sie bedeutet, daß die Bürgerschaft des Ortes die
Zwillinge für solche Summe aufziehen würde.

Da war der trockene Mund der Fieberkranken
übergeflossen, und sie hatte die barmherzige Güte der
lahmen Seiltänzerin, die ihr in diesem Augenblick
mächtig wie eine Königin vorkam, so warm und innig

gepriesen, daß Kuni sich wieder das Blut in die
Wangen steigen fühlte, — aber diesmal vor Scham
über das Lob, das sie so wenig verdiente und das
ihr doch wohl that. Endlich hatte die Leidende den
Wunsch nach einem Priester geäußert, um nicht ohne
das Sakrament von hinnen zu gehen. Ihre Sünden
drückten sie schwer. Daß der Nickel an den Strick
gekommen, hatte sie und sie allein verschuldet. Ihrer
Lebtag sei sie kein Leckermaul gewesen; nur vor der
Geburt der Zwillinge hätte sie der böse Teufel mit
einem wunderlichen Gelüst nach gebratenem Geflügel
geplagt, das zu unterdrücken und für sich zu behalten
sie unmächtig gewesen. Nur um ihr gewärtig zu
sein, habe der Nickel darum die Gans und die
Hühner gestohlen. Trotz manchen schlimmen Handels,
in den der leichte Sinn ihn verstrickt, sei er ein frommer
Bursch und liebreichen Herzens gewesen. Ihr zu
Gefallen hätte er sich wohl unterfangen, dem Henker
den Ring vom Finger zu stehlen. Nun sei er mit
der Schlinge am Hals ohne Absolution von hinnen
geschieden; denn während man sonst auch dem schlimm=
sten Missethäter die Wohlthat des Sakramentes
vergönne, hätten die Bauern den Nickel, sobald sie
ihn gefangen, an den nächsten Baum geknüpft, ohne
auf seine Bitte zu hören. Das mache ihr das

Scheiden noch sauerer als der Gedanke an die armen Würmlein dort in den Lumpen; denn für die Elternlosen hätte die Barmherzigkeit Kunis gesorgt, ihr Nickel aber würde in alle Ewigkeit keine Gnade finden vor dem himmlischen Richter.

Dabei hatte sie laut aufgeschluchzt und sich dann unter so schweren Gichtern gekrümmt, daß es Kuni nur mit Mühe gelungen war, sie zu verhindern, aus dem heißen Stroh im Karren auf die feuchte Wiese zu springen.

Als die Fiebernde wieder ruhiger geworden, hatte sie fort und fort den Namen ihres Nickels gelallt, und das war gar herzbeweglich anzuhören gewesen.

Sobald der Zustand der Wöchnerin es gestattete, war Kuni von ihr fortgegangen, hatte sich an das Fenster des Gastzimmers gestellt und darin Umschau gehalten.

Die meisten schliefen bereits auf Strohlagern, die man am Hauptende durch umgekehrte Sessel erhöht. Die Reicheren hatten sich in die Schlafzimmer begeben, die auch sie mit mehreren anderen teilen mußten. Die fahrenden Leute lagen auf der Diele mit dem Ranzen unter dem Haupte. Einige Musikanten hielten immer noch aus bei dem Weine, den die reisenden Kaufleute und Handwerker ihnen hatten auftragen lassen. Andere waren mit fahrendem Volk in das Wäldchen hinter der Wiese gezogen. Dort tanzten sie, geigten und sangen. Ihr ausgelassenes Jauchzen war durch die stille Nachtluft bis zum Karren der Wöchnerin gedrungen.

Die Kölner Herren saßen, ohne sich um die
laute Fröhlichkeit der Bürger und die Verwandlung
ihrer Umgebung in eine Schlafstätte zu kümmern,
immer noch an der Tafel und unterredeten sich eifrig.

Auch der Ablaßkrämer war noch nicht zur Ruhe ge=
gangen. Ein hochgewachsener, breitschulteriger Lands=
knechtwachtmeister vom Geleit hatte ihm eben um den
größten Teil der Zechinen, die er für seine italienische
Kriegsbeute erlöst, den Zettel abgekauft, mit dem er
sich vor den Qualen des Fegefeuers sicher zu stellen
gedachte. Wie von einer Last befreit, schlug er sich,
bevor er die Thür öffnete, auf die breite Brust.

Die Seiltänzerin schaute ihm sinnend nach. Wie
ihr einst, so hatte der Zettel jetzt auch dem Lands=
knechte die Seele entlastet. Hätte sie nicht klüger
gethan, ihr Geld für die Erlösung der verlorenen
Seele des aufgeknüpften Nickel, als für die Waislein
herzugeben, deren sich ja vielleicht auch ohne sie die
Mildthätigkeit der Leute angenommen hätte? Das
wäre doch wohl auch der armen Sterbenden, die
nichts so schwer ängstigte wie ihre Schuld an der
Verdammnis des unglücklichen Gefährten, noch besser
zum Troste gediehen!

Aber auch so war es ihr ja gelungen, der ster=
benden Mutter das Scheiden zu erleichtern, und was

sie für sie begonnen, das gedachte sie sogleich zu
Ende zu führen.

Mit einem warmen Lächeln, das ihr das bleiche,
von Schmerz durchfurchte Antlitz seltsam verschönte,
kehrte sie in das Gastzimmer zurück.

Vorhin hatte sie einen alten Priester gewahrt,
dessen Antlitz den Stempel wahrer Herzensgüte trug.
Bald fand sie ihn unter den auf dem Stroh schlum=
mernden Reisenden wieder; doch der Greis schlief
so fest, daß es ihr widerstand, ihn zu wecken. Unter
den Kölner Predigermönchen, die auch zum größten
Teil schliefen, war kein einziger, zu dem sie hätte
Zutrauen fassen mögen, von dem einen meinte sie
sogar, es sei der nämliche, der sie kurz vor dem
Sturz vom Seile mit zäher Aufdringlichkeit für sich
zu gewinnen getrachtet. Aber auch der Abt von
St. Aegidien zu Nürnberg, der schon mit den Ab=
gesandten seiner Vaterstadt gespeist hatte, war ein
Herr von menschenfreundlichem, höchst ansprechendem
Aussehen. Wohl glühten ihm die Wangen, sei es
von der Hitze, sei es von dem genossenen Weine,
doch es lag etwas herzgewinnend Gütiges in seinen
wohlgebildeten Zügen. Als er vorhin durch das
Gastzimmer geschritten war, hatte Kuni ihn auch dem
hübschen Büblein einer Töpfersfrau von Neren im

Rheinland, deren Wagen draußen auf der Wiese am Main hielt, gar liebreich über das Blondhaar streichen sehen. Mit den Kölner Herren war er kaum eines Sinnes; denn eben schüttelte er abweisend die rund=liche Hand.

Vielleicht konnte sie ihm gar, indem sie ihn fort=rief, einen Gefallen erweisen. Aber durfte sie, die elende Fahrende, es auch wagen, einen solchen Herrn beim Weine zu stören?

Doch es war Gefahr im Verzuge. So faßte sie denn den Entschluß, die Vermittlung der Hecht=wirtin anzurufen, hustete sich mit dem Tuch vor dem Munde, um die Schlafenden nicht zu stören, tüchtig aus und schickte sich an, das Gastzimmer zu ver=lassen.

Aber die rote Gitta hatte soeben nach der Wöch=nerin geschaut und Cyriax berichtet, daß Kuni, das alberne, weichherzige Ding, ihre Goldstücke an das sterbende Frauenzimmer verschwendet.

Da war der Flucher in großen Zorn geraten, hatte dem pockennarbigen Raß einige Worte zu=gemurmelt und war dann der lahmen Reisegefährtin entgegen gewankt, um ihr auf der Schwelle den Weg zu verlegen und sie in unwilligen Gurgeltönen zu fragen, wie viel von dem Grolandschen Golde

sie dem halbtoten Weibsbild in das Grab nach=
geschleudert habe.

„Geht's Dich an?" lautete die mühsam hervor=
gehustete Antwort.

„Mich, mich, — was es mich angeht?" stieß der
Zungenlose keuchend hervor. Dann erhob er drohend
die schwere Faust und stammelte ihr höhnisch ent=
gegen: „Nicht — nicht um einen roten Heller mehr
oder weniger als Dich — in aller Teufel Namen
— als Dich mein Fuhrwerk. Vier Pfund Heller,
Ratz, und Esel und Karren sind Dein."

„Topp!" rief der pockennarbige Gauner, der das
Geld schon bereit hielt; der Zungenlose aber kicherte
Kuni mit häßlicher Schadenfreude entgegen: „Da
hast Du's nun, Närrin! Wer nicht mit mir teilt
— daß Du's weißt — der nicht mit mir fährt."

Damit taumelte er zu der roten Gitta zurück.

Sprachlos schaute das Mädchen ihm eine Weile
nach. Dann strich es sich schnell mit der Hand über
die Stirn, als wollte es einen widrigen Gedanken
verscheuchen und schüttelte halb betrübt, halb miß=
billigend den heißen Kopf. Sie hatte ein gutes Werk
gethan, — und das, das ... Aber es war ihr ja
nicht um Lohn zu thun gewesen, es hatte sie nur ver=
langt, der Kranken zu helfen.

Gerade aufgerichtet hinkte sie zielbewußt der Küche
entgegen.

Hier teilte sie, oft von Husten unterbrochen, der
Hechtwirtin in beweglichen Worten mit, daß die
Wöchnerin, die sie so christlich mit der guten Brühe
gestärkt, des Sakramentes begehre, da es wahr und
wahrhaftig bald mit ihr aus sei. Der Herr Abt
von St. Aegidien aus Nürnberg säße noch beim
Weine . . .

Weiter kam sie nicht; denn die Wirtin, die,
während sie sprach, das erhitzte hübsche Gesicht mit
der Schürze getrocknet, die aufgestreiften weißen
Leinwandärmel tiefer über die vollen Arme gezogen
und der Fahrenden erstaunt und doch beifällig in
das verfallene Antlitz geschaut hatte, unterbrach sie
lebhaft mit dem Versprechen, das Ihre für das be=
jammernswerte Weibsbild zu thun.

„Der Herr Abt,“ fuhr sie bedeutsam fort, „wär’
er ein anderer, — ich möcht’ mich des nicht unter=
fangen. Der von St. Aegidien aber, der fragt in
seiner Barmherzigkeit, wenn es zu helfen gibt, kaum
nach dem Woher, was bist und was hast Du? Ich
kenn’ ihn . . . Warte hier nur ein wenig. Läßt er
sich dazu herab, so magst Du ihn gleich zu dem
armen Unglückswurm führen.“

Dabei glättete sie mit zwei raschen Handgriffen das von dem Hinundher der Geschäfte gelockerte schlichte braune Haar, tauchte die Hände in den Wassereimer, trocknete sie schnell mit der Schürze, band sie ab und warf sie der Magd zu. Dann räusperte sie sich kräftig und wandte der Küche den Rücken.

Auf die besorgte Frage ihres Mannes, dem sie auf der Schwelle des Gastzimmers begegnete, was sie hier suche, versetzte sie bestimmt: „Was recht und was fromm ist," und brachte dann bescheidentlich und in leisem Flüsterton ihr Verlangen an den Herrn Abt.

Ungesäumt folgte ihrem Wunsche die Gewährung; ja man hätte in der That meinen mögen, diese Störung käme dem vornehmen Geistlichen gelegen; denn mit dem kurzen Ruf: „Eine unaufschiebbare Amtspflicht," erhob er sich von der Tafel und folgte erst der Wirtin zu Kuni, dann aber dieser zu dem Karren neben dem hoch aufgepackten Töpferwagen mit der weißen in die Nacht hineinleuchtenden Plane.

Die Wirtin hatte es übernommen, in die nahe Wohnung des Sakristans zu schicken, damit er so= gleich herbeischaffe, wessen der Abt für die Weg= zehrung der Sterbenden bedurfte.

Kuni teilte der Wöchnerin mit, welch ein hoher Diener der Kirche bereit stehe, ihr die Beichte abzunehmen und das Sakrament zu reichen. Dann flüsterte sie ihr noch zu, sie möge der armen Seele des Nickel bei dem Herrn Abte gedenken. Was auch komme, sie dürfe nun in allem Frieden von hinnen.

Darauf nahm sie die Hälfte der Blumen, die sie im Garten gebrochen, an sich und schlich, um die Beichte der Sterbenden nicht zu stören, von dannen.

Am Saume der Wiese blieb Kuni nachdenk=
lich stehen. Gerne hätte sie sich in das tau=
feuchte Gras geworfen, um dort langausgestreckt im
Kühlen zu ruhen; denn sie war todesmatt, und ihr
Fuß stach und brannte sie schmerzlich nach der langen
Bewegung in der warmen Augustnacht; doch etwas
anderes übte noch größere Anziehung auf ihr armes,
sehnsuchtkrankes Herz: der Wunsch, Lienhard wieder
zu sehen und ihm, ging es an, zum Dank für so
vieles die Nelken zu reichen.

Mit den anderen Herren saß er immer noch an
dem Tische vor dem Gasthaus. Eins der Windlichter
auf der Tafel warf ihm seinen Schein hell in das
mannhafte Antlitz. Kuni wußte, daß er sie im Dunkel,
das sie umgab, nicht sehen konnte, und doch war es
ihr, als träfe sie der Blick seiner glänzenden dunklen

Augen. Eben jetzt sprach er. Wie gern hätte sie ge=
wußt, was er sagte! Gewaltsam raffte sie sich darum
zusammen, glitt an der beschatteten Wand hin und
ließ sich hinter dem Oleanderstrauche auf dem scharfen
Rande des Kübels nieder. Niemand bemerkte sie; —
sie fürchtete aber dennoch, ein Anfall des Hustens
könnte sie verraten. Vorsichtig preßte sie deswegen
die Schürze fest an die Lippen. So lauschte sie ge=
spannten Ohres, und wie weh der Fuß ihr auch
that, wie laut es ihr auch in der Brust rasselte,
meinte sie doch, es sei eine besonders gnädige Fügung,
daß sie gerade jetzt den Weg hierher gefunden; denn
immer noch führte Lienhard das Wort. Die andern
hatten ihn aufgefordert, im Zusammenhang zu be=
richten, wie die schöne Katharina Harsdörfferin trotz
des Widerspruchs ihres gestrengen Herrn Vaters und
obgleich der ehrbare Rat ihn um solcher Unbot=
mäßigkeit willen mit Gefängnis und mit Verbannung
gestraft, die Seine geworden.

Das alles hatte er bereits im einzelnen berichtet,
als Kuni zu lauschen begann. Jetzt wies er auf
Wilibald Pirckheimer, der ihm gegenüber saß, und
fuhr fort zu erzählen, wie er dank seiner und des
großen Malers Albrecht Dürer Vermittlung zu Inns=
bruck Gehör bei Kaiser Max gefunden, wie der hohe

Herr in eigener Person für ihn und sein Verlöbnis eingetreten und wie er infolge einer so gewichtigen Fürsprache an das Ziel seiner Wünsche gelangt sei.

„Unsere Ehrbaren," schloß er, „vergönnten mir nun willig die Heimkehr, und Hans Harsdörffer, der Vater Katharinas — Gott hab ihn selig — ließ ab von dem Widerstand gegen unser Bündnis. Vielleicht wär' es schon eher geschehen ohne die scharfe Gegner=schaft, die sich wegen ihrer grundverschiedenen Art zwischen dem strengen Manne und meinem leicht=blütigen Herrn Vater erhoben und die sich im Rate wie im Leben kundthat. Erst am letzten Lager seines alten Widersachers, dem ich das Dasein verdanke, reichte Herr Hans ihm die Rechte zur Versöhnung und willigte in unser Bündnis."

„Und ich weiß," unterbrach ihn Wilibald Pirck=heimer, „daß bei den mancherlei Hindernissen, die ihm seine Widersacher in den Weg legten und die ihm das thatenreiche Leben trübten, ihr beiden und eure treue Minne ihm mehr Licht und besseren Trost als alles andere gewährten. Oftmals hört' ich es ihn froh bekennen, — und was Euch angeht, Freund Lienhard ..."

„So weiß ich," fiel ihm dieser bescheiden ab=lehnend ins Wort, „daß er im Rechte war, wenn er

mich unreifen Burſchen bei meiner erſten Werbung
für unwert hielt ſeiner Tochter.“

„Und wäret Ihr auch damals an Kraft und
Schönheit dem mannhaften Achilles und an Klugheit dem vielgewandten Laërtesſohne Odyſſeus gleich
geweſen,“ unterbrach ihn Pirckheimer, „ich würde Euch
nicht widerſprechen; denn, ihr Herren, dieſes wackern
Mannes Frau Liebſte iſt ein Kleinod von beſonderer
Art. Nürnberg iſt ſtolz darauf, Frau Katharina ſeine
Tochter zu nennen. So weit man deutſch ſpricht,
möchte man ihresgleichen vergeblich ſuchen.“

„So ſeid Ihr ein beneidenswerter Mann,“ bemerkte der kleine Doktor Eberbach, indem er ſich an
Lienhard wandte. „Doch Ihr geſtattet mir wohl eine
Frage. Schon als Knabe entbranntet Ihr, wie wir
vernahmen, für das Kind Katharina. Als Jüngling
nahmet Ihr die Minne mit über die Alpen nach
Padua und Bologna. Da mir aber täglich vor Augen
geführt wird, wie des edlen Vergilius: ‚Ungefährdet
bleibt nirgends die Treue‘,*) und des liebenswerten
Catull: ‚Ohne Fehl geht kein Menſch durch das
Leben‘**) Beſtätigung genug findet, ſo verlangte es

---

*) Verg., Aen. IV. 373.
**) Catull., Dist. I. 5.

mich wohl zu erfahren, ob Ihr auch in Welschland nicht nur im großen, sondern auch im kleinen fest= hieltet an dem bei uns Männern seltenen Vogel der der Liebsten geschworenen Treue. Weiß ich, der ich Euch gegenüber nur wie ein spitzöhriges Faunlein erscheine neben dem herrlichen Ares, doch aus Er= fahrung, wie leicht die glühenden Augen dort Feuers= brünste entzünden. War der Panzer früher Minne in der That stark genug, Euer Herz vor jedem Brandschaden zu schützen, auch bevor Euch noch ein Gelübde an das Kind band, das Ihr Euch so zeitig zur Gefährtin erlaset?"

„Er war es," versicherte der junge Ratsherr ernst und fest, „wie nach der Einsegnung durch den Priester, so auch vor ihr."

Dann änderte er die Haltung, hielt dem Thü= ringer den gefüllten Pokal entgegen und fuhr heiter fort: „Und Euch, mein ungläubiger Herr Doktor, sollte das bei Eurer Gelehrsamkeit wahrlich nicht so gar erstaunlich dünken. Sagt doch schon Euer viel gerühmter Propertius: ,Viel kommt der Liebe zu gut, treuer Sinn und ein standhaft Beharren!'*) Und, glaubt es nur, Doktor, auch ohne den Rat Eurer

*) Propertius, Eleg. II. 20, 27.

erfahrenen Römer hätt' ich dem holden Kinde da=
heim Treue gehalten. Katharina war mir eben von
jung an das Weib, die Frau kat'exochen, hätte der
brave Tryphon, mein Lehrmeister im Griechischen zu
Bologna, gesagt; die Herzliebste ist sie mir allzeit
gewesen wie Helios für den Griechen das Licht,
obgleich es ja noch den Mond und so viele glänzende
Sterne und Sternlein neben ihm gibt.“

„Und die Fahrende von vorhin, der Ihr Euch
wie Vater Zeus der schönen Danaë mit einem gol=
denen Regen in Erinnerung brachtet?“ frug Doktor
Peutinger von Augsburg, indem er dem jungen Freunde
schalkhaft mit dem Finger drohte. „Wir Humanisten
folgen dem: ‚Wer da eingesteht, dem vergebe‘*) des
Tibull und kennen die Welt sattsam, um zu wissen,
daß es zu Fehltritten kommt innerhalb und außer=
halb der Mauern von Troja.“**)

„Ein wahres Wort,“ entgegnete Lienhard. „Es
trifft wohl ebenso gut auf mich zu wie auf das Mädchen;
doch gab es zwischen uns wahrlich nicht das geringste,
was einem Liebeshandel auch nur von fern gleich
gesehen hätte. Ich sprach sie als Schöffe frei von

---

*) Tibull. Eleg. I, 6, 29.
**) Horatius, Epist. I, 2, 16.

einem leichten Fehl, den sie während meines Ganges
zum Altar beging. Und das geschah, weil es mir
widerstand, von jener glückseligen Stunde, für wen
es auch sei, etwas Schmerzliches ausgehen zu sehen.
Dafür hing sie mir an, wer mag sagen, ob nur aus
Dank, oder weil sich in ihrem wunderlichen Herzen
etwas Wärmeres für mich regte? Ein schmuck und
zierlich Geschöpf ist sie damals sicher gewesen; und
doch, so wahr ich mich noch manches Jahr an der
Minne der Frau Liebsten zu erfreuen hoffe: Es gab
nichts und gar nichts zwischen mir und dem blau-
äugigen Schwarzkopf, was der Beichtiger nicht hätte
mitanschauen dürfen. Uebrigens setzt mich das selbst
in Erstaunen, weil ich die eigenartige, bewegliche
Anmut der Seiltänzerin mit nichten übersah und der
Versucher mich lebhaft genug auf sie hinwies. Dazu
ist sie auch keineswegs von gemeiner Art. In ihrer
Kunst hat sie wahrhaft Ausbündiges geleistet, bis
sie zu Augsburg während des Reichstages, da sie
vor dem Kaiser auf dem Turmseile das Unerhörteste
wagte ..."

„Sollte es die nämliche sein," frug Doktor Peutinger gespannt, „die vor den Augen unserer armen
Juliane den entsetzlichen Sturz that, der das Kind
so furchtbar erschreckte?"

„Sie ist es,“ versetzte Lienhard im Ton aufrich=
tigen Bedauerns; der Augsburger aber fuhr leis auf=
seufzend fort: „Mit jenem jähen Entsetzen, das die
Grundtiefen seiner zarten Natur erschütterte, begann
das Siechtum des Engels, dessen reiches, freundliches
Herz auch für Euch so warm schlug, Herr Lienhard.“

„Wie das meine für dies Kind sondergleichen,“
versetzte der junge Ratsherr mit lebhafter Wärme.
„Während Juliane, die es krank machte, sie am
Saume des Grabes dahintanzen zu sehen, mir etliche
Blätter der Lucianushandschrift wies, die ich Herrn
Wilibald dort in Eurem Namen mitbringen sollte,
kam die Unselige so grausam zu Falle. Wir hielten
sie für zerschmettert; doch wie durch ein Wunder blieb
sie am Leben. — Mit dem Seiltanze mußte es frei=
lich auf immer für sie vorbei sein, da sie einen Fuß
eingebüßt hatte. Das, wähnten wir, würde ihr zum
Heile ausschlagen und sie dem gesitteten bürger=
lichen Leben gewinnen; aber wir irrten. Trotz ihrer
Lahmheit zwang das unruhige Blut Kuni auf die
Landstraße zurück. Und doch hätte es ihr frei=
gestanden, ohne jedes Gelübde als Laienschwester im
Kloster zu bleiben.“

„Mein Weib hatte ihr um Julianens willen auch
unser Haus geöffnet,“ fügte Doktor Peutinger hinzu.

„Dem hinsiechenden Kinde kam der Sturz, der es so tief erschreckt hatte, nicht aus dem Sinn. Sein mitleidiges Herz beschäftigte sich viel mit der Aermsten, und da sie in die Mutter drang, für sie zu sorgen, that sie ihr gerne den Willen und frug oft nach ihrem Befinden. Wie freute sich Juliane, als sie hörte, der kühnen und kunstreichen Seiltänzerin sei das Leben gerettet. Als aber meine Frau ihr durch die Aebtissin ein Plätzchen in unserem Hause anbot, verschmähte die Fahrende, was Mutter und Tochter ihr Gott weiß aus wie gutem Herzen zugedacht hatten."

„Und ebenso hielt sie es mit der Gabe, die wir — mein Gemahl und ich — für sie im Kloster hinterlegten," fügte Lienhard hinzu. „Warum sie meinen nicht minder gern gebotenen Beistand zurückwies? Doch wohl, weil sie zu stolz war, Almosen von einem Manne anzunehmen, von dem ihr heißes Herz vergebens etwas Besseres begehrte."

Hier stockte Lienhard Groland, und es klang wie ein Bekenntnis, als er lebhaft fortfuhr: „Und, ihr Herren, begehrenswert wollte sie mir oft genug erscheinen. Warum sollte ich's leugnen? — Innerhalb und außerhalb der Mauern Trojas — wir hörten es ja — wird gesündigt, — und hätte nicht ein ander

Frauenbild zwischen uns gestanden wie die Alpen
zwischen Deutschland und Italien, — es wäre viel=
leicht … Doch wozu das Wenn und das Aber?
Wollt ihr glauben, daß es Stunden gab, in denen
es mir vorkam, als hätte ich etwas gut zu machen
an der Aermsten?"

„Ich an Eurer Stelle hätt' es zu beider Teile
Frommen schon längst gethan," versicherte der kleine
Doktor Eberbach munter. „Den Forderungen des
Gewissens soll man folgen, auch wenn es ausnahms=
weise etwas Angenehmes gebietet. Doch wie ernst
Ihr dreinschaut, Herr. Nichts für ungut! Gehört
Ihr doch ohnehin zu den seltenen Exemplaren der
mit Vernunft begabten Vögel ohne Federn, bei denen
sich mit der Strenge des Cato die Liebenswürdigkeit
des Titus verbindet."

„Dem Cato alle Ehre," fügte Wilibald Pirck=
heimer mit einer leichten Neigung des gewichtigen
Hauptes hinzu; „doch in meiner Jugendzeit verstand
man es besser, wo es sich mit einer schönen Kalypso
abzufinden galt, der unsere Härte weh zu thun drohte,
die strenge Pflicht mit der nachgiebigen Barmherzig=
keit zu versöhnen. Aber nicht alles an der guten
alten Zeit war das Bessere, und daß Ihr, den ich
als treuesten Eheherrn schätze, mich nicht mißversteht,

Lienhard: Sich beugen und unterliegen sind zwei verschiedene Dinge."

„Unterliegen!" fuhr hier Ritter Hans von Ober= nitz, der Nürnberger Schultheiß, unwillig auf. „Ein Groland, der noch dazu mit einer vielgetreuen, hold= seligen Hausfrau gesegnet, den blitzenden Augen einer fahrenden Dirne unterliegen! Eher flösse die Pegnitz den Burgberg hinan. Wir hätten hier auch, dächt' ich, von weniger gemeinen Dingen zu reden!"

„Zu diesen," widersprach Doktor Peutinger dem Ritter eifrig, „gehörte die kühne und kunstreiche Seil= tänzerin gewiß nicht. Und zudem! Wen möchte es nicht zu erfahren verlangen, wie die heißblütige, freie Tochter der Landstraße sich mit Euch abfand, Freund Lienhard? Verschmähte Liebe, heißt es, sei die Mutter des Hasses, und seit dem Weibe des Potiphar führt sie oft zu grausamer Rache. Wäre dies Mädchen, von dem der Herr Schultheiß so gering denkt, wirk= lich von schlimmer Art, wie andere ihresgleichen..."

„Das ist sie nicht!" fiel hier Lienhard Groland dem Augsburger mit warmer Lebendigkeit ins Wort. „Was Kuni auch fehlte und wie Schweres sie auch traf, ein seltenes Geschöpf ist sie und bleibt sie, wenn anders es nur wenige gibt, denen auch das tiefste Elend den hochgemuten Sinn nicht zu biegen und

zu brechen vermag. Als ich sie hier im Blauen
Hecht wieder sah unter dem allerverworfensten Ge=
sindel, siech und arm, vielleicht schon eine Beute des
Todes, — da schien es mir an der Zeit, die Gabe
zu erneuern, die sie zurückgewiesen hatte. Gern thät'
ich auch mehr für die Aermste, und die Frau Liebste
daheim würd' es mir gewiß nicht verargen; denn
auch sie ist Kuni zugethan, und — ich wiederhol'
es — von guter, ja, von allerbester Art ist dies
Mädchen. Wäre sie statt unter fahrendem Volk in
einem ehrbaren Hause . . ."

Hier wurde der junge Abgesandte jäh unter=
brochen. Auch seine Tischgenossen erhoben überrascht
die Köpfe; denn in ihrer Nähe erschütterte ein sonder=
bares Geräusch die Nachtluft.

Der kleine Doktor Eberbach war zusammenfahrend
aufgesprungen, Hans von Oberniß, der Nürnberger
Schultheiß, hatte nach dem Schwerte gegriffen,
Doktor Schedel aber erkannte sogleich, daß das, was
ihm da an das alte Ohr drang, nichts war als ein
heftiges, lang zurückgehaltenes Husten. Er und die
anderen Herren schauten auf den Oleanderbusch, von
dem aus, bevor noch der erste ihm näher getreten
war, sich ein schmerzliches Stöhnen vernehmen ließ.

Da schüttelte der erfahrene Arzt bedenklich die

weißen Locken und sagte: „Von wem das kommt, der möchte bald ausgelitten haben!"

Damit schickte er sich an, sich zu erheben; denn er fühlte, daß hier sein Beistand vonnöten.

Doch etwas Neues nahm seine Aufmerksamkeit wie die der anderen Herren schon wieder in Anspruch.

Der Aufwärter Dietel war endlich aus der Kellerhaft befreit worden und hatte alsbald das Suchen nach dem Gartendiebe mit verdoppeltem Eifer begonnen.

Ohne zu bedenken, wie lange Zeit vergangen, seit er den Uebelthäter zum erstenmal dingfest zu machen versucht, hatte er das Ausspähen da wieder aufgenommen, wo es unterbrochen worden war. Wie ein unbedachtes Kind, dem der Vogel aus dem Käfig entflog, wohl auch in den Wasserkrug späht, um ihn wieder zu finden, hatte er das Licht seiner Laterne auf Stellen fallen lassen, die keinem Kätzlein ein Versteck geboten hätten. Er war auch auf der Wiese am Mainstrom gewesen, um Kuni bei der Wittwe des gehängten Nickel zu suchen; hier aber wurde der Wöchnerin gerade das Sakrament gereicht, und solche Handlung zu unterbrechen, wäre ein arger Frevel gewesen. Aber sein Auge war scharf, und von dem

Stroh her, auf dem die Sterbende lag, hatten ihm
rote Nelken im Licht der Laterne, deren langen Trag=
stab der Sakristan in den weichen Grund der Wiese
gestoßen, entgegen geleuchtet. Diese Blumen konnten
nur aus dem Würzgärtlein der Hechtwirtin stammen,
und auf ihre Nelken hielt sie am meisten. Die Seil=
tänzerin mußte sie für die sieche Frau abgerissen haben,
und bei diesem einen Diebstahl war es gewiß nicht
geblieben. Wie weit die Frechheit des Gesindels schon
reichte! Aber er, dem es zustand, im Blauen Hecht
nach dem Rechten zu sehen, wollte ihm die räube=
rischen Gelüste vertreiben.

Der Hund Phylax hatte ihm auch bald die Fährte
gewiesen, und bevor noch einer der Herren nach der
Stöhnenden schauen konnte, scholl ihnen von dem
Oleanderstrauche her der triumphirende Ruf Dietels
entgegen: „Da hätten wir die Einbrecherbrut und
werden ein Exempel statuiren!"

Sein erster Blick war auf das Nelkensträußchen
in der Hand der Fahrenden gefallen, und die Stirn=
ader schwoll ihm an vor Zorn über diese Schädigung
der Lieblinge seiner Patronin. Als er aber die Uebel=
thäterin an der Schulter schüttelte und keinerlei
Widerstand fand, leuchtete er ihr befremdet mit der
Laterne ins Antlitz, und was er da zu sehen bekam,

machte ihn plötzlich kleinlaut; denn die Lippen, das Kinn und Gewand der Dirne waren von lichtem Blut überflossen, und ihr Kopf neigte sich zur Seite, als habe er die Stütze verloren. Das erschreckte ihn, und statt sich seines günstigen Erfolges weiter zu rühmen, rief er um Hilfe.

Bald umringten denn auch die Nürnberger Herren das Mädchen, und Doktor Hartmann Schedel gebot dem Aufwärter, die Besinnungslose unter Beistand seines älteren Gehilfen, den sein Ruf schon hieher geführt hatte, ins Haus zu tragen und für ein gutes Lager zu sorgen.

Dietel that auch ungesäumt, wie ihm geheißen, ja, als er hörte, wie der berühmte Arzt den anderen Herren zuraunte, das Leben dieser Kranken sei nur noch ein verlöschendes Licht, ging eine große Veränderung mit ihm vor. Was an Barmherzigkeit in ihm war, das begann sich lebhaft und immer eifriger zu regen, während er Kuni in das von Schmerz verzogene Antlitz schaute. Wie eine Erleuchtung, die er seinem grundgütigen Patrone, dem heiligen Eoban, schuldete, erschien ihm dabei der Einfall, ihr sein sauberes und wohl gehaltenes Kämmerlein hinter der Küche einzuräumen. Auf seinem eigenen Bette sollte sie ruhen. Vergiften würde es die Fahrende ja nicht,

die er noch vor wenigen Jahren so keck und froh=
gemut zu anderer Genügen die Goldstücke hatte aus=
streuen sehen. Ihr Elend erschien ihm wie ein er=
schütterndes Beispiel des Wechsels aller irdischen
Dinge. Armes Hascherl! Doch, wenn irgendwo, durfte
sie auf seinem Lager Besserung finden; denn er hatte
es rings mit Heiligenbildchen, frommen Sprüchen
und kleinen Reliquien umgeben, die ihm von den
Heiligtumführern unter den Gästen des Hechtes billig
abgelassen worden waren. Es befand sich darunter
auch ein Lederriemlein vom Schuh der heiligen
Elisabeth, dessen Heilkraft er bei einem Gallenfieber
an sich selber erprobt.

Die Last, die er mit dem Gehilfen teilte, war
leicht, aber er sollte doch nicht ohne Aufenthalt an
das Ziel gelangen; denn einmal fiel der Bewußtlosen
das Nelkensträußchen aus der Hand, und er, Dietel,
nahm das gestohlene Gut, das ihm eben noch so
großes Aergernis bereitet, schweigend auf und legte
es der Ohnmächtigen behutsam in den Schoß.

Das zweite Hindernis war von ernsterer Art;
denn Cyriax hatte vernommen, das Mädchen läge
im Sterben, und weil er fürchtete, er werde das
Begräbnis zahlen müssen, stammelte er den Anwesen=
den mit leidenschaftlich abwehrenden Bewegungen zu,

seit einer Stunde hätte er dem Lahmfuß, den er lange
genug aus reiner Barmherzigkeit mit sich geschleppt,
auf Nimmerwiedersehen den Laufpaß gegeben. Jetzt
ginge die Dirne ihn nicht mehr an als der Haus=
hahn im Hofe, der eben dem nahenden Morgen
entgegen krähte.

Der Hechtwirt und andere drängten Cyriax indes
bald zur Seite. Die Kranke wurde auf dem Lager
des Aufwärters Dietel niedergelegt, und der greise
Arzt bemühte sich um sie mit aller Sorgfalt.

Die Hechtwirtin half ihm sie entkleiden, und als
die wackere Frau mit der Schürze vor den nassen,
leicht überströmenden Augen die Thür wieder öffnete
und der Abt von St. Aegidien an die Lagerstatt trat,
um zum zweitenmal in dieser Nacht einer Sterbenden
Beistand zu leisten, sah er Hartmann Schedel an,
daß er zu rechter Zeit kam.

Die Seiltänzerin hatte die Besinnung wieder
zurückerlangt, und das Erscheinen des menschenfreund=
lichen Prälaten that ihr wohl. Die Beichte dauerte
lange, und was sie dem Seelsorger anzuvertrauen
hatte, mußte so seltsam wie ergreifend lauten; denn
der Abt folgte ihr gespannt und mit sichtlicher innerer
Bewegung. Als er gethan, was seines Amtes, blieb
er eine Weile allein; denn er konnte die Stimmung

nicht gleich wieder finden, sich zu den anderen zurück
zu begeben. Nach den Kölnern frug er nicht; die
Nürnberger aber, die er aufsuchte, saßen längst wieder
an dem Tische vor dem Gasthaus.

Die Wellen des Mainstromes spiegelten jetzt schon
den goldenen Glanz der Morgensonne wider. Auf
der Wiese mit den Wagen und im Würzgärtlein der
Wirtin gleißte an Gras und Blumen reiner Tau.
Fuhrknechte schirrten die frisch geputzten blanken
Braunen an die Deichseln. Die Messingringe an den
hohen Kummeten der Hengste klirrten laut und munter
zusammen, und lange Peitschenschnüre knallten über
die Vier= und Sechsgespanne hin, die auf der Land=
straße die Tagesfahrt begannen.

Auch das Wagengerassel und der Hufschlag der
Rosse vermochte indes die Kölner Professoren nicht
zu erwecken, die samt ihrem geistlichen Gefolge zur
Ruhe gegangen waren und in tief verfinsterten Ge=
mächern in den Morgen hinein schliefen. Von den
bescheideneren Gästen hatten die meisten bereits das
Strohlager verlassen.

Cyriax war einer der ersten, der die Straße
betrat.

Sein Karren und Esel gehörten ihm nicht mehr.
Mit seiner Habe hatte er die rote Gitta beladen

wollen; weil sie sich aber entschlossen weigerte, sie zu tragen, das Bündel selbst auf die trägen Schultern genommen. Jetzt schleppte er sich und die neue Last fluchend fürbaß; denn Ratz blieb mit dem Karren in Miltenberg, wo der falsche Wahnsinnige es nicht mehr geheuer fand, zurück. Diesmal war er es, der die Gefährtin an der Kette fortziehen mußte; denn sie hatte sich lange wie außer sich geweigert, das Mädchen, das ihr Kind treu gepflegt, in der letzten Not im Stiche zu lassen. Wieder und wieder schaute das doppelt verlassene Weib sich nach der dem Elend preisgegebenen Gefährtin um, bis sie Frankfurt erreichten. Dort wandte die rote Gitta Chriax den Rücken und folgte dem pockennarbigen Ratz. Der Karren, in dem ihr Kind gelebt und gestorben, nicht sein widriger Besitzer, bestimmten sie, das Band zu zerschneiden, das sie neun Jahre lang an den Lästerer gefesselt.

Mit hellem Gesange machten die fahrenden Schüler sich auf den Weg; die Spielleute aber erwarteten die Abfahrt des Mainschiffes, auf dem es für sie Erwerb und reichlichen Trank gab.

Die Landstreicher zogen einzeln von dannen, ohne sich um die sterbende Seiltänzerin zu kümmern. „Jedes hat schwer genug an dem eigenen Kreuze zu tragen,“

sagte Jungel, während er die langen Krücken ergriff.
Nur die Springergundel hielt die Teilnahme an dem
Ergehen der Genossin, die auf der Höhe des Ruhmes
gestanden, während es schon mit ihr, der frühe=
ren „Phyllis“, schnell bergab gegangen war, in
Miltenberg zurück. Es sei Christenpflicht, sagte sie
ihrem blinden Buben, der das Brot für sie er=
bettelte, die Kuni, die weiland so hoch dagestanden,
nicht ohne ein schicklich Geleit den letzten Weg
gehen zu lassen. Als sie dann hörte, die frühere
Gefährtin habe das Sakrament empfangen, rief sie,
während sie Knoblauch in den Gerstenbrei schnitt,
dem blinden Sohne zu: „Die kommt nun zur Ruhe. —
Für uns erwart' ich zu Frankfurt einen reichen Heller=
segen auf der Messe, wenn es Dir nur glückt, so
kläglich dreinzuschaun beim Betteln, wie Du es jetzt
so hübsch thust.“

Die Mönche, der Ablaßhändler, die Bürger und
Handwerker, die sich eben anschickten, das Mainschiff
zu besteigen, schauten befremdet auf die fürnehmen
Herren, die, so unglaublich es auch schien, ganz
gewiß — denn Dietel hatte es versichert — einer
Fahrenden zu Gefallen sich des Morgenschlafes be=
gaben. Wie vor etwas Unerhörtem schüttelte der
Federkräusler den Kopf, als er den Abgesandten des

ehrbaren Rates seiner Vaterstadt, den hochansehn=
lichen Herrn Lienhard Groland, dem alten Doktor
Schedel zurufen hörte: „Ich harre hier bei Euch
aus, ehrwürdiger Freund. Da es mit der Aermsten
nur noch wenige Stunden dauert, bin ich, wenn ich
mich tummle, wieder bei den anderen, bevor sie
Frankfurt verlassen.“

„Recht so, mein Lienhard,“ rief Wilibald Pirck=
heimer, und der Abt von St. Aegidien fügte auf=
munternd hinzu: „Ihr verrichtet damit etwas, das
dem Himmel genehm ist. Ja, ihr Herren, ich wieder=
hol' es: an wenigen Sterbebetten fand ich so wenig
Grund, mich des Loses zu schämen, ein Mensch zu
sein, wie an dem schlichten Lager dieser fahrenden
Dirne. Werden vor dem Richterstuhle da oben
Gesinnung und Glauben mit dem nämlichen Ge=
wicht gewogen wie die Werke, dann ist wenigen, die
hinter seidenen Vorhängen die Augen schließen, ein
günstiger Wahrspruch so sicher wie dieser Aermsten
der Armen.“

„Und die Dirne behielt wirklich nichts für sich
zurück von der reichen Gabe Herrn Lienhards?“ frug
der Schultheiß von Nürnberg.

„Nichts,“ versicherte der Abt. „Alles, bis auf
den letzten Heller, ließ sie der Fremden, obgleich sie

selbst lahm, arm, verlassen hier zurückbleiben sollte,
und obgleich sie die Wöchnerin nur von ungefähr
auf der Landstraße getroffen. Euch einzelnes zu be=
richten und wie sie sich schon zu Augsburg vor dem
Höchsten bewährte, verbietet mir die Amtspflicht;
doch möchte ich, dank der Beichte, die ich eben ver=
nahm, diesen Morgen zu den guten und unvergeß=
lichen zählen. — O, ihr Herren, es ist ein ernstes
Ding um das Sterben, und der Verkehr mit dem
Scheidenden die beste Schule für den Priester. Da
öffnen sich ihm die tiefsten Tiefen der Seele."

„Und," fiel ihm Wilibald Pirckheimer ins Wort,
„da mein' ich, erfährt der Seelenkünder unfehlbar,
daß es in der Menschenbrust um so finsterer aus=
schaut, je tiefer wir dringen."

„Ja, mein gelehrter Freund," versetzte der Abt,
„doch da erkennen wir auch, daß es die tiefen und
dunklen Schachte sind, in denen die reinsten Gold=
und Silberstufen anstehen."

„Und solche, hochwürdiger Herr," frug Doktor
Eberbach mit einem ungläubigen Lächeln, „war es
Euch wirklich vergönnt, bei dieser wild aufgewachsenen
Fahrenden zu finden?"

„So gewiß," entgegnete der Geistliche mit ab=
weisender Würde, „wie der Heiland im Recht war,

da er die Einfältigen selig sprach vor denen, die
klug sind und überreich an Wissen."

Dann wandte er sich, ohne die Antwort des
Thüringers abzuwarten, schnell an den jungen Ab=
gesandten und bat ihn, dem sterbenden Mädchen, das
ihm mit warmer Hingabe anhänge, ein kurzes Valet
zu vergönnen.

„Gern," entgegnete Lienhard und ersuchte den
Arzt um seine Begleitung.

Dieser hatte eben Doktor Peutinger an seine
Seite gewinkt, um den Ablaßzettel mit ihm zu prüfen,
den er unter dem Brusttuche der Kranken gefunden.
Nicht der Seele der Seiltänzerin sicherte er, wie die
Herren erwartet, die Erlösung aus dem Fegefeuer zu,
sondern einer andern, und diese andere — der ge=
lehrte Humanist und kaiserliche Rat wollte den eigenen
Augen nicht trauen — war sein geliebtes, zu früh
verstorbenes Kind, war — da stand es mit großen
Lettern zu lesen — „Juliane Peutingerin von Augs=
burg".

Erstaunt, beinah verwirrt, gab der sonst so sichere
Staatsmann seinem Erstaunen Ausdruck. Auch die
anderen Herren schickten sich schon an, den Zettel
mit ihm zu prüfen, als der Abt, ohne das Herzens=
geheimnis der sterbenden Kuni, das sie ihm in der

Beichte anvertraut hatte, zu verraten, dem Vater
Julianens mitteilte, die gestürzte Seiltänzerin hätte
sich, kaum aus dem Kloster entlassen, des Geschenkes
des Kaisers und des Viatikums des Klosters, kurz,
ihres ganzen Besitzes, der groß genug gewesen sei,
ihr das Leben eine gute Weile zu fristen, entäußert,
um das Ihre für das Heil des Kindes zu thun,
mit dem sich ihre Seele mehr als mit dem eigenen
Wohlsein beschäftigt.

Da wurden dem erstaunten Vater die Augen
feucht vor dankbarer Bewegung, und als Lienhard
sich mit dem greisen Arzte zu der Sterbenden begab,
bat Doktor Peutinger, sie begleiten zu dürfen. Der
Heilkünstler ersuchte ihn indes, der Leidenden, die
ein fremdes Gesicht beunruhigen würde, lieber fern
zu bleiben. Da trug der Augsburger dem jüngeren
Freunde auf, Kuni seinen Gruß zu entbieten und ihr
für die Liebe zu danken, mit der sie seines armen,
teuren Kindes gedacht.

Schweigend folgte der Ratsherr dem Arzte an das
Krankenlager, an dessen Kopfende eine graue Schwester
lehnte, die zu den Gästen des Blauen Hechtes gehörte
und sich angeboten hatte, der Kranken zu warten.

Bekümmert schüttelte die Nonne das Haupt, als
die Männer die Schwelle betraten. Sie wußte, wie

Sterbende aussehen, und daß die Hand des Todes
diese da schon berührte. Dennoch gewann ihr farb=
loses, von den weißen Flügeln der Haube um=
rahmtes, gutes Gesicht den still=gelassenen Ausdruck,
der ihm eigen war, schnell wieder zurück.

Die wohlgebildeten, vom Fieber leicht geröteten
Züge der ihrer Pflege empfohlenen Leidenden waren
dagegen in steter Bewegung. Sie hatte das Er=
scheinen der Männer bemerkt, und als sie die feucht
schimmernden blauen Augen aufschlug und denjenigen
gewahrte, an den sie das arme Herz in nie gestillter
Sehnsucht gehängt, gewannen sie einen sonnigen
Glanz, und ihre Lippen umspielte ein glückseliges
Lächeln.

Sie hatte gewußt, daß er kommen, daß er sie
nicht sterben lassen würde, ohne ihr noch einmal
seinen Anblick zu gönnen.

Jetzt hätte sie ihm so gern zugenickt und der
Freude, der Beschämung, der Dankbarkeit, die sie er=
füllten, in recht, recht guten Worten Ausdruck geliehen,
doch ihrer röchelnden Brust versagte der Atem. Selbst
die Lippen zu regen wollte der tief Erschöpften nicht
mehr gelingen. Herz und Geist waren dagegen noch
keineswegs zum Stillstande gekommen. Eine Fülle von
längst vergangenen äußeren und inneren Erlebnissen

stellte sich ihr vor die Seele. Erst war es ihr, als
sehe sie Lienhard wie bei ihrer ersten Begegnung mit
der holdseligen, bräutlich geschmückten Verlobten auf
die bekränzte Pforte von St. Sebald zuschreiten.
Dann sah sie sich in den Gerichtssaal versetzt und
fühlte, wie seine Hand ihr über das Haar strich. Die
Stunden, in denen sie bei Frau Schürstabin seiner
Besuche bangen Herzens geharrt, kamen ihr in den
Sinn. Vom Turmseile aus schaute sie nieder. Unter
ihr koste Lienhard mit der kleinen Elbin. Doch
was sie da sah, war diesmal weit entfernt, sie
zu neuen, gottlosen Wünschen zu verleiten; denn
Juliane trug wieder den Lorbeerkranz und winkte ihr
wie einer lieben Vertrauten freundlich zu. Endlich trat
ihr auch das blasse Julilein wie aus Nebeln entgegen.
Blitzschnell war eines dieser Bilder dem andern ge=
folgt. Als letztes erblickte sie dann auch sich selbst,
wie sie beim zitternden Lichte der Sterne im Würz=
gärtlein der Wirtin den Krug für die Wöchnerin füllte
und für sie und Lienhard die purpurnen Nelken brach.
Die Blumen, deren Duft ihr zu stark war und die zu
entfernen sie doch nicht die Kraft fand, lagen vor
ihr auf der Decke. Sie waren für Lienhard be=
stimmt, — und wie sie die schlanke Hand nach ihnen
ausstreckte und sie zu ergreifen versuchte, gelang es.

— Sie fand auch die Kraft, ihm die Rechte mit einem flehenden Blick entgegen zu strecken. Und siehe da, bevor der Arm ihr noch niedersank, hatte der stolze Mann schon nach den Blumen gegriffen. Dann gewahrte sie, wie er die Nelken in die Brustöffnung des dunklen Wamses steckte, und hörte seiner Stimme die tiefe Bewegung an, mit der er sagte: „Meinen Dank, liebe Kuni, für die schönen Blumen. Ich will sie bewahren. Dein Leben war schwer, doch unter seiner Last hast Du Dich wacker gehalten. Das erkannt' ich wohl, und nicht ich allein, auch im Namen des Doktors Peutinger von Augsburg, des Vaters der kleinen Juliane, soll ich Dir Dank sagen und recht freundliche Grüße bestellen. Als einer Meisterin in Deiner Kunst, als eines braven, hochgemuten Mädchens will er Deiner gedenken, und ich, — ich thu' es gewißlich."

Dabei ergriff er ihre heiße Hand; ihr aber wurde es bei diesen Worten so wohl wie vor wenigen Stunden, als sie vom Oleanderstrauche verdeckt der Rede gelauscht hatte, mit der er ihrer freundlich gedacht. Und wieder fühlte sie es wonnevoll heiß' aufwallen in ihrer Brust. Es war ihr, als sei ihr Herz viel zu klein für solche Fülle von Glückseligkeit, und als flösse es schon über in warmen, alles Leid weit, weit mit sich fort spülenden Wogen.

Ihre Gabe war angenommen worden.

Die roten Nelken schauten ihr von seinem Wamse entgegen, und es schien ihr, als sei alles um sie her mit rosigem Lichte umwoben und als berühre ihr dabei ein süßes Klingen und Tönen das Ohr.

Ein gleiches Wohlgefühl hatte sie nimmer empfunden.

Und jetzt gelang es ihr auch, die Lippen zu regen, und der Mann, der ihre kleine, glühende Hand immer noch fest in der seinen hielt, vernahm erst ganz leis seinen Namen; dann aber wie ihr zweimal der kaum vernehmbare Ruf über die heißen Lippen drang: „Zu viel!" und noch einmal „Zu viel".

Doch schon im nächsten Augenblicke preßte sie die freie Linke auf die röchelnde Brust. Das Rosenrot um sie her verschmolz mit dem Purpur der Nelken, ein neuer Blutsturz führte die rastlose Fahrende an das Ziel, bei dem jede menschliche Wanderung endet.